애도의 여정에 동반하기

애도의 여정에 동반하기
사별 돌봄의 핵심 11가지

알렌 울펠트 지음 | 윤득형 옮김

kmc

The Handbook for Companioning the Mourner by Alan D. Wolfelt
© 2009 by Alan D. Wolfelt

All rights reserved.
This Korean edition was published by KMC PRESS(Korean Methodist Church Publishing house) in 2021 by arrangement with Companion Press c/o Susan Schulman Literary Agency through KCC(Korea Copyright Center Inc.), Seoul.

이 책은 (주)한국저작권센터(KCC)를 통한 저작권자와의 독점계약으로 도서출판kmc에서 출간되었습니다. 저작권법에 의해 한국 내에서 보호를 받는 저작물이므로 무단전재와 복제를 금합니다.

평안과 안식의 거룩한 공간에서
'동반하기' 원리를 탐구하기 위해
수련의 여정을 함께한 마음돌봄 동반자들에게,
세계 도처에서 이 돌봄 모델을 지지해 준 것에 감사를 전한다.

옮긴이의 말

알렌 울펠트(Alan D. Wolfelt, Ph. D.)는 애도상담과 관련해 다양한 저서를 남겼다. 나 역시 그의 책들을 읽으며 많은 지혜와 통찰을 얻었다. 이 책은 그가 추구한 애도상담의 깊은 철학을 다룬다. 슬퍼하는 사람들과 동반하기 위한 열한 가지 원리는 유기적으로 연결되어 있으면서도 각각 깊은 의미를 지녔다. 그는 길게 설명하기보다 짧은 문장을 통해 깊이 생각하도록 이끈다. 이 책을 접한 지 벌써 10여 년이 지났고, 번역을 시작한 지도 몇 년이 흘렀다. 애도상담을 가르치면서 간간이 이 책의 문장들을 인용했고, 열한 가지 원리는 『슬픔학개론』에서 소개하기도 했다. 그런데도 이 책을 번역하는 데 시간이 걸린 것은 그의 문장을 곱씹는 데 많은 시간을 할애한 탓이다.

평가와 진단으로 대표되는 현대 심리학은 인간의 영혼을 돌보는 데 관심을 기울이기보다 치료를 강조한다. 슬픔으로 인해 겪는 자연스러운 감정들을 불편하게 여겨서 서둘러 없애고 속히 빠져나올 수 있게 돕는 기술을 적용한다. 울펠트는 기존 심리상담의 관점과 방법으로는 사별자들의 슬픔을 치유하는 데 한계가 있다고 본다. 그리하여 새로운 돌봄 모델을 제시하며, 숙련된 전문가가 되기보다는 누군가의 애도에 함께하는 동반자가 되라고 권면한다.

그는 현대 사회문화의 문제점을 지적한다. 분주하고 바쁜 삶이 미덕인 사회에서 세상의 속도에 뒤처지면 낙오자로 여기는 문화는 애도 과정에도 영향을 미친다. 애도하는 사람들에게 장례 기간에만 잠깐 슬퍼하고 하루빨리 자신의 삶으로 돌아오라고 강요한다. 슬픔 속에서 자연스럽게 느끼는 절망, 좌절, 비통, 외로움, 공허함, 죄책감, 수치심을 잘못된 것처럼 여긴다. 오래 슬퍼하는 사람을 두고 지나치게 유별나다고 생각한다. 무엇이 잘못되었는가?

사별 후 겪는 슬픔은 애도자를 광야의 길에 들어서게 한다. 모두가 불편해하는 공간이다. 불확실한 자리다. 그곳에 머물며 사랑했던 사람과의 관계를 돌아보고, 자신의 삶을 성찰하고, 천천히 자신의 감정들과 만나는 고요의 시간을 보내게 된다. 하지만 사람들은 회피하고 빠져나오고 싶어 한다. 울펠트가 말하는 동반하기는 이러한 광야의 순간에 있는 그대로, 판단 없이, 진실한 공감으로, 머리가 아닌 마음으로 애도자와 함께 머무는 것이다. 동반자는 애도의 긴 여정에 고요히 함께 걸을 수 있어야 한다.

한국에 돌아와 애도상담을 가르친 지도 벌써 5년이 되어간다. 쉬고 싶거나 연구가 필요하다고 느낄 때마다 꺼내 들었던 이 책은 내게 영양분을 공급해주었다. 새로운 통찰을 얻게 해주었고, 내가 하는 일에 대한 확신을 심어주었다. 내게 영감을 준 울펠트에게 깊은 감사를 전한다. 평소 내가 생각하고 꿈꾸는 상담 원리를 잘 설명해주었기에, 그의 동반 원리를 반영해 애도상담 교육을 시작할 수 있었다.

모든 상담은 '상실과 애도 상담'이라 할 수 있다. 인간이 살면서 겪는 모든 어려움은 알고 보면 상실의 문제이다. 상실을 겪은 이들에게는 애도하는 과정이 필요하다. 애도를 잘한다는 것은 자신의 감정과 마주하며 그 감정들을 표현하는 것이다. 그러므로 모든 상담은 반드시 애도상담적 접근이 필요하다. 울펠트는 이러한 상담이 품어야 할 기본 철학과 원리로서 동반하기를 말한다. 울펠트의 이론에는 그의 상담 철학이 담겨 있다. 현대 상담학자들 중에 자신의 이론을 토대로 가르치고 상담에 적용하는 사람은 그리 많지 않다.

나는 이 책이 애도상담을 가르치기 원하는 사람이나 현장의 상담사들에게 큰 도움이 되리라 믿는다. 모든 상담 원리는 본질적으로 공감, 경청, 사랑, 겸손, 수용 등의 가치를 공유한다. 어떤 학파의 이론을 따르느냐는 중요하지 않다. 상실을 겪고 슬픔에 잠긴 사람들을 잘 돌보는 데 필요한 마음가짐이 울펠트의 열 가지 원리에 담겨 있다. 하나하나 새겨 보며 진솔한 동반자로서의 한 걸음을 내딛어 보자.

2021년 11월
윤득형

추천의 말

　　20여 년 전, 소중한 사람의 죽음으로 깊은 슬픔과 아픔을 겪는 이들을 위한 위로의 책을 번역 출판한 적이 있다. 당시 나는 인간의 삶과 죽음, 남겨진 사람들의 슬픔을 신앙적으로 어떻게 도울 수 있을지 고민하였다. 삶과 죽음은 목회 현장에서 마주하는 중요한 문제이다. 윤득형 박사는 이러한 관심을 지속적으로 자극해 주었다.

　　그는 이미 『슬픔학개론』, 『애도수업』, 『죽음의 품격』을 통해 죽음에 대해 깊이 성찰하도록 도왔으며, 슬픔을 당한 사람들을 어떻게 위로해야 하는지 알려주었다. 그리고 이번에는 알렌 울펠트 박사가 제시한 상담 원리인 '동반'의 가치를 소개한다. '동반'은 신앙공동체의 기본이다. 로마서 12장 15절에는 "즐거워하는 자들과 함께 즐거워하고 우는 자들과 함께 울라."라고 말한다. 이 책은 '우는 자들과 함께' 울기 위한 참된 방법을 제시한다.

　　목회자와 신학생, 교회 리더는 필독하시길 권한다. 부디 한국 교회와 사회에 우는 자들을 위한 상담과 위로의 방법이 널리 전파되기를 소원한다.

고신일 목사

(기둥교회 담임/중부연회 31대 감독)

사람은 누구나 죽는다. 우리 주변에는 언제나 사별자들이 있다. 사랑하는 사람을 잃은 사별자들은 깊은 비탄에 빠져든다. 이들이 겪는 절망, 좌절, 비통, 외로움, 공허함, 죄책감, 수치심 등 다양한 감정은 자연스러운 혼란이고 혼동이다.

알렌 울펠트는 『The Handbook for Companioning the Mourner』에서 애도 상담가들에게 사별자들이 들어선 광야 길을 곁에서 찬찬히 동반하며 저들의 힘든 과정에 증인이 되라고 권한다. 사별자와 함께 시간이 멈춘 고요한 광야 길을 동반하는 것은 경쟁 사회의 시각에서 보는 것처럼 삶의 낭비가 아니다. 사별자와 함께 걸으며 고요함 가운데 깊은 거룩함을 만나는 시간이다. 너로부터 진정한 나를 보는 시간이다.

오래전에 만난 이 책을 윤득형 박사가 깊은 성찰을 담아 단순하고 정제된 표현들로 명료하게 번역해주었다. 윤득형 박사는 학문적 차원과 실천적 차원에서 애도상담 분야의 전문가이다. 죽음학을 공부하는 이들과 사별의 아픔을 겪은 분들, 그리고 애도 상담가로 활동하는 모든 분에게 일독을 권한다.

이세형 교수
(협성대학교 목회상담학)

CONTENTS

옮긴이의 말   6
추천의 말   10
들어가는 말   15

애도의 여정에 동반하기 위한 11가지 원리   23

첫 번째 원리
다른 사람의 고통에 동참하라   25

두 번째 원리
영혼의 광야에 함께 거하라   37

세 번째 원리
영적인 면을 존중하라   49

네 번째 원리
마음으로 들어라   57

다섯 번째 원리
다른 사람의 힘든 과정에 증인이 되어라   69

여섯 번째 원리
곁에서 나란히 걸어라   79

일곱 번째 원리
거룩한 침묵이 주는 선물을 발견하라   89

여덟 번째 원리
고요함을 유지하라   97

아홉 번째 원리
혼란과 혼동을 존중하라   103

열 번째 원리
다른 사람들에게 배우라   113

열한 번째 원리
호기심   121

나가는 말   129

"위험을 감수해보는 건 어떨까?
바로 거기에 열매가 있지."

월 로저스
Will Rogers

들어가는 말

이 책은 왜 필요한가?

몇 해 전, 나는 상실과 삶의 변화 센터(Center for Loss and Life Transition), 그 거룩한 땅의 전망대에 앉아서 슬퍼하는 사람들과 동반하기 위한 열한 가지 원칙을 기록하였다. 나에게 동반을 위한 돌봄 철학을 훈련받은 전문가와 일반인들이 오늘날 전 세계적으로 네트워크를 형성하고 있으니 나로선 몸 둘 바를 모르겠다.

여러 해 동안 동반을 위한 기술들을 가르치면서, 나는 동반을 위한 열한 가지 원리를 담은 책『사별자와 동반하기: 돌봄자를 위한 영혼의 가이드』(Companioning the Bereaved: A Soulful Guide for Caregivers)를 출판했다. 여기에는 상담 방법에 대한 소개가 일부 포함되었다. 이후 열한 가지 원리를 좀 더 쉽게 설명해 달라는 요청을 받아 이 책을 썼다. 슬픔을 만난 사람을 돕기 위해 좀 더 배우고 싶어 하는 누군가의 손과 마음에 이 책이 전해지기를 바란다.

'치료'와 '동반'의 차이

'치료(treat)'라는 단어는 '질질 끌어당기다'라는 뜻을 지닌 라틴어 '트랙타래(tractare)'에서 왔다. 그러니 환자라는 단어와 치료라는 단어를 결합했다간 곤혹스러울 것이다. 환자는 '수동적이며, 오랜 기간 고통 받는 사람'을 의미하므로, 환자를 치료하는 것은 어원적으로 수동적이며 오랜 기간 아픈 사람을 질질 끌어당긴다는 말이 된다. 단어만 놓고 보면 힘을 북돋아주는 개념이 아니다.

반면에 '동반(companion)'의 의미를 라틴어 어원에서 찾아보면 '식사를 함께 하는 사람(messmate)'이다. 이는 두 개의 어절로 이루어졌는데, 앞의 어절 'com'은 '함께 한다(with)'라는 의미이고 'pan'은 '빵(bread)'이라는 의미다. 당신이 함께 식사를 나누고 싶은 사람은 친구이거나 마음을 편히 나누는 누군가일 것이다. 이것이 바로 동반하기의 이미지다. 식탁에 둘러앉아서 함께 있는 것만으로도 즐겁고, 삶을 공유하고, 친밀히 이야기 나누고, 서로의 환대 속에 머무는 모습 말이다.

나는 명사인 '동반(Companion)'을 '동반하기(Companioning)'라는 동사로 바꾸었다. 이것이 내가 지지하고 옹호하는 상담의 관계성을 잘 표현해주기 때문이다. 환자를 치료한다는 말 대신에, 나는 애도하는 사람과 동반한다는 말을 더 지지한다. 사별을 겪고 애도하는 사람과 동반하는 것은 그의 슬픔을 평가하거나 분석하고, 바로잡거나 해결하는 대신에 그의 영혼을 잠시 돌보는 이로서 온전히 함께하는 것이다.

치료 vs 동반하기

영적, 감정적, 실존적 문제에 대하여

치료 모델	동반하기 모델
애도자가 사별 전 평정심(이전의 일상)을 되찾을 수 있게 애쓴다.	삶을 변화시키는 슬픔의 경험(새로운 일상)을 강조한다.
고통스러운 증상을 조절하거나 멈춰주려 한다. 고통을 나쁘다고 생각한다.	관찰하고, 관심을 기울이고, 증인이 되어주며, 영적인 슬픔의 증상들에 담긴 가치를 알아본다.
전문가로서 습득한 전형적인 상담 모델을 따른다.	애도자가 스스로 자신의 여정을 인도하게 한다. "내게 가르쳐 달라."는 말이 기본 원리다.
죽은 사람과의 지속적인 관계 유지를 병리적 현상으로 본다.	존재의 관계에서 기억의 관계로의 전환은 자연스러운 일이다.
애도자에게 소극적인 역할을 부여한다.	애도자가 적극적으로 애도하는 것의 필요성을 인정한다.
애도자는 순응하는 사람부터 그렇지 않은 사람까지 다양하다.	애도자는 '찢어지는' 고통의 실재를 힘껏 표현한다.
돌봄의 질은 슬픔이 어떻게 잘 '관리되는지' 여부로 판단한다.	애도자가 이 여정을 얼마나 잘 이끄는지에 따라 돌봄의 질을 관찰할 수 있다.
치료적 접근의 거부는 상실의 효율적인 통합을 방해하므로, 반드시 극복해야 한다.	치료적 접근의 거부는 머리에서 가슴으로 상실을 통합하는 데 도움이 된다. 이는 인내, 자비와 연결된다.
관리체계를 세우고 위기개입 전략을 만들어낸다.	호기심, 즉 애도자에게 기꺼이 배우려는 마음을 보여준다.
감정적이며 영적인 질문과 해결하기 힘든 딜레마에 만족스러운 답을 제공한다.	신비를 존중한다. 계속 '의미를 찾는 과정'으로 나아가게 한다. 해결하기 힘든 딜레마에 만족스러운 답을 수려고 서두르지 않는다.

전문가가 될 필요가 있을까?

우리가 이 여정을 함께하기 전에 설명할 것이 있다. 내가 슬픔에 빠진 사람들을 돌보기 위한 원리로 동반하기 모델을 주장하게 된 동기이다. 나는 북미 전역에서 워크숍을 개최했는데, 참가자들에게 이렇게 말했다. "이것은 사실 사별 돌봄에서 그리 새로운 것이 아니다. 우리가 품고 있다가 잃어버린 것이다." 과학적인 이론들을 새로 내세우지 않고도, (이는 종종 세속적이거나 자아 중심적이거나 전문가적인 것들이다) 모든 사람이 치유자가 되도록 부름 받았다는 사실을 깨달았다면, 우리는 다른 사람들을 더 잘 돌봤을 것이다. '책임감 있는 반역자'로서, 나는 사별슬픔 돌봄을 반드시 '자격증 있는 전문가'가 맡아야 한다고 주장하는 정신보건 전문가들의 명령을 따를 수 없다.

> **책임감 있는 반역자**
>
> 상실과 슬픔에 관련된 가정 모델들(assumptive models)에 의구심을 갖고 도전정신을 가진 사람. 반역자들은 이미 세워진 구조와 형식에 의문 제기하는 것을 두려워하지 않는다. 동시에 반역자들은 분별력 있는 다른 모델들을 사용하는 사람들의 권리를 존중하며, 개인이 지닌 능력을 깎아내리지 않고 오히려 키워주는 방식으로 지도력을 제공한다. 그러니 이 책의 내용에 동조한다면, 나와 함께 책임감 있는 반역자의 길에 동참해 주길 바란다.

헨리 나우웬(Henri Nouwen)이 날카롭게 관찰했던 것처럼, "치유란 무엇보다 친밀한 공간의 창조를 의미한다. 자신의 이야기를 진심어린 마음으로 들어줄 누군가에게 자신의 고통을 이야기할 수 있는 공간이다." 우리는 돌봄자로서 자신에게 물어야 한다. 사별자를 위한 돌봄을 자격증 있는 전문가들에게만 맡길 것인가? 우리는 많은 사람들이 거룩한 공간을 창조하고 그들 곁에 있는 사별 애도자들과 동반할 수 있다는 사실을 알고 있는가?

결국 적극적인 애도는 상실과 슬픔을 경험한 사람들의 몫이다. 우리의 역할은 호의적인 동반자로서 거룩한 여행길에 동반하는 것이다. 애도자에게 책임을 맡기는 것이다. 애도자를 책임지는 것은 우리의 역할이 아니다.

자격증 있는 전문가들이 필요하다고 주장하는 사람들은 이 책에서 설명하는 동반하기 모델에 의문을 제기할 수 있다. 어느 정도 지위나 권위를 가진 기득권자들은 정당성에 의문을 갖는 것을 싫어한다.

기득권이 있든 없든 간에, 누군가는 평범한 사람들이 슬퍼하는 사람들과 기술적으로 동반할 수 있다는 믿음을 문제 삼을지 모른다. 과거를 돌아보자. 전문가들이 등장하고 애도를 회피하는 문화가 나타나기 전, 사람들은 이웃과 친구들을 지지하고 애정을 베풀었다. 사랑과 상실의 이야기를 반복해서 말해도 당연한 통과의례로 여겼다. 하지만 이제 사람들은 안마당에서 애도하는 대신, 슬픔을 내재화시키는 위험을 감수하면서 뒷마당의 비밀스러운 공간으로 자리를 옮겼다. 만일 도움이 필요하면 치유를 돕는 전문가를 찾아가라고 권유 받는다.

우리는 애도자들의 돌봄을 전문가들에게만 맡기는 추세와 관련해 다각적인 대화가 필요하다. 이 책이 대화를 이끄는 촉진제 역할을 하길 바란다.

안전한 공간 조성하기

우리가 해결이나 회복으로 사람들을 이끌어야 한다고 여기는 대신에, 돌봄을 위한 안전한 공간을 지속적으로 제공하는 일이 우리의 과업이라고 생각한다면 어떨까? 애도자를 돌보는 사역에 극적인 변화를 맞을 수 있다. 이전의 '정상'적인 상태로 되돌려 놓고, 점차 사람들을 '내버려 두고', 임무를 '종결'하는 방식에 초점을 둔 기법들은 유익하기보단 해악을 끼친다. 기술적인 동반하기(Artful companioning)에는 심리학에 기초한 치료학이나 개입과는 다른 의미론이 필요하다.

동반하기는 종종 부정적으로 여겨지는 감정을 없애야 할 대상으로 보지 않고 또 다른 현실에 주목한다. 우리는 고통, 고난과 친구가 될 때 시작되는 새로운 삶의 가치를 존중한다. 일반적으로 우리 사회는 그 가치를 인정하지 않으려 한다. 하지만 슬픔의 고통스러운 감정을 겪는 것은 애도에서 필수적이고 그 자체로 지혜를 품고 있다.

사실 동반자는 누군가의 사랑 이야기를 조심스럽게 들어주는 '극진한 초대자'이다. 사별자들은 이야기를 나누면서 자신의 슬픔과 친구가 되고 서서히 고통을 변화시킨다. 그렇다. 키르케고르(Kierkegaard)가 옳았다. "인생을 살기 위해서 앞으로 나아가야 한다. 의미와 이해는 뒤에 만들어진다."

교육을 잘 받은 심리학자를 만났다. 그는 자신이 애도하는 사람들과 동반하는 방식의 여정은 함께할 수 없다고 말했다. 왜냐하면 스스로가 무력하게 느껴지기 때문이라는 것이다. 나는 그에게 우리는 모두 다른 사명을 가졌음을 이해시키려 최선을 다했다. 또한 슬퍼하는 사람들과 동반하는 것이 분명한 확신 아래 슬픔과 고통의 친구가 되고자 하는 몇몇 사람에 의해서만 이루어지는 것이 아님을 이해시키려 노력했다. 애도하는 사람과 동반하는 우리는 실로 무력감을 느낀다. 그 이유는 우리 자신이 무력하기 때문이다. 사랑하는 사람의 죽음 이후 겪는 슬픔과 고통을 줄여주는 특별한 마취제는 없다.

아무리 전문적인 돌봄 모델이라도 돌봐주는 사람이 무력감에 빠지면 문제에 부딪친다. 결국 전문가들은 무력감을 피하기 위해 대항한다. 그 결과 환자를 치료하는 데 사용되는 기술은 본능적으로 무력감을 물리치고 상실 후 겪는 영적 증상을 없애려는 시도이다. 여기서 영적 관련 증상은 우울, 불안, 혼돈, 혼란, 통제력 상실 등을 말한다. 이러한 전문적 접근은 도리어 애도자를 기운 빠지게 하고 애도자와 돌봄자 사이에 거리를 두게 한다.

돌봄자가 무력감에서 도망치지 않고 불확실함을 받아들인다면 그의 용기는 애도자에게 선물이 된다. 자신과 다른 사람들의 무력감을 받아들일 수 있다면 굳이 전문가가 되려고 할 필요는 없다. 돌봄자는 애도자의 편에 서서 관찰하고, 주의를 기울이고, 지지하고 존중하는 것, 증인이 되는 것을 배운다. 동반자는 조용히 앉아 있는 것, 고요히 기다리고 진실한 마음으로 듣고, 결과에 연연하지 않는 가치를 배운다. 동반하기에서는 전문적인 기술 습득보다 겸손이 요구되며, 통제하기보다는 상대에게 맡기는 것이 요구된다.

만일 당신이 슬픔에 빠진 사람들을 돕고 싶다면, 그들이 깊은 상실의 감정을 기꺼이 끌어안을 수 있게 안전한 공간을 조성해주어야 한다. 안전한 공간은 물리적인 공간이 아니다. 진실하고 자애로운 마음이다. 또한 열린 마음이며, 다른 사람의 고통에 진심으로 함께하기 위해 당신의 무력감과 친구가 되는 것이다. 배우려고 하는 마음 자세는 (전문적인 기술과 반대로) 동반하기의 진정한 본질이다.

우리는 모두 주변 사람들을 각자의 방법으로 사랑하고 돌보기 위해 존재한다고 믿는다. 슬픔에 빠진 이들을 돌보는 것은 나의 영혼을 살지게 한다. 마찬가지로 당신이 슬퍼하는 사람들을 (치료가 아닌) 돌보는 데 헌신한다면, 당신이 만지는 영혼과 당신의 영혼 모두 살질 것이다. 이 책에서 영감과 희망을 얻길 바란다.

알렌 울펠트

애도의 여정에 동반하기 위한 11가지 원리

01 동반하기는 다른 사람의 고통에 동참하는 것이다. 고통을 없애려는 노력이 아니다.

02 동반하기는 다른 사람의 영혼의 광야에 함께 거하는 것이다. 문제의 해결점을 찾아야 한다는 책임감을 가질 필요는 없다.

03 동반하기는 영적인 면을 존중하는 것이다. 지성에 초점을 맞추지 않는다.

04 동반하기는 마음으로 이야기를 듣는 것이다. 머리로 분석하지 않는다.

05 동반하기는 다른 사람의 힘든 과정에 함께 있으면서 증인이 되어주는 것이다. 그 과정에서 판단하거나 방향을 제시하지 않는다.

06 동반하기는 곁에서 나란히 걷는 것이다. 앞장서지 않는다.

07 동반하기는 거룩한 침묵이 주는 선물을 발견하는 것이다. 매 순간을 말로 채우지 않는다.

08 동반하기는 고요함을 유지하는 것이다. 앞으로 나아가기 위해 서두르며 움직이지 않는다.

09 동반하기는 혼란과 혼동을 그대로 존중하는 것이다. 질서와 논리를 억지로 강요하지 않는다.

10 동반하기는 다른 사람들에게 배우는 것이다. 그들을 가르치려고 하지 않는다.

11 동반하기는 늘 새로운 마음으로 다른 사람을 대하는 것이다. 경험적 기술이나 노하우가 아니다.

01

동반하기는
다른 사람의 고통에
동참하는 것이다.

고통을 없애려는 노력이
아니다.

"우리의 마음속에는
하나의 방이 있다.
우리가 가장 아끼는 보물도
가장 깊은 고통도 그 안에 있다."

마리안느 윌리암슨
Marianne Williamson

사별했다는 말의 문자적 의미는 '찢어지듯 아프게 분리'되었다는 것이다. 누군가 상실로 인해 찢어지는 고통을 겪는다면 당연히 감싸줘야 한다. 하지만 마음의 고통과 괴로움을 줄여주는 약은 없다. 깨진 마음 조각을 다시 이어주는 수술도 없다. 상실의 고통으로 괴로워하는 사람들을 돌보는 방법은 그들을 지지해주며 동반해주는 방법과 관련이 있다.

현재 북미 문화권에서는 종종 슬픔을 겪는 사람이 느끼는 고통과 괴로움을 부끄럽고 당혹스러운 감정으로 바라보게 한다. 사람들은 '강하고' '통제력 있어' 보여야 슬픔 속에서도 잘 지낸다고 생각한다. 안타깝게도 사회에서는 여러 사람 앞에서 고통과 괴로움을 표현하는 애도자를 미성숙하거나 지나치게 감성적인 사람이라고 여긴다.

이 시대 사람들은 사회문화적으로 상실의 고통과 관련된 감정을 기피한다. 왜 그럴까? 고난의 역할을 잘못 이해했기 때문이다. 상실을 겪으며 나타나는 생각과 감정을 불필요하고 불편한 것으로 여겨왔다. 하지만 용기 내

> 돌봄이라는 단어는 대단하지도 활력 있지도 않은 영혼의 표현들에 응답하는 방법을 함축한다.
> ─ 토머스 무어
> Thomas Moore

> 사람이 슬픔에 완전히 무감각해지면 살아갈 수 없다. 많은 슬픔은 오직 껴안음으로써 견뎌낼 수 있다. … 우울증은 이것이 삶의 많은 공간을 차지하고 있을 때 병적이라 할 수 있다. 하지만 삶에서 슬픔을 완전히 배제하는 것 역시 동일하게 병적이라고 할 수 있다.
> ─ 에밀 뒤르켐
> Emile Durkheim

어 이러한 상처를 향해 나아갈 때 궁극적인 치유를 경험할 수 있다.

슬픔은 수치스러운 감정이 아니다

사람들은 유족들이 슬퍼하고 있으면, "하던 일 계속 하세요." "기운 내세요." "바쁘게 지내세요." 같은 인사말을 건넨다. (이를 격려치료라 부른다.) 이러한 메시지들이 합쳐지면 종종 강력한 무언의 믿음이 생긴다. "당신은 상처받지 않을 권리가 있다. 그러니 피해야 할 것은 피해라." 요약하면 슬픔에 빠진 사람들은 종종 고통 받은 경험을 부인하고, 회피하고, 스스로 무감각해지라고 권면 받는다.

개인적인 슬픔이 수치심과 관련된 메시지나 침묵, 무관심과 만나면 상실을 통합할 방법을 찾기 어려워진다. 직접적이든 간접적이든 슬픔에

> **용기**
>
> 용기(Courage)는 심장(Heart)을 뜻하는 프랑스어 꼬르(*Coeur*)에서 왔다. 용기는 인생에서 우리에게 삶에 깊은 영향을 주는 것들을 위해 커진다. 소중한 사람의 죽음은 우리의 마음(Heart)을 열거나 끌어당긴다. 그러니 우리는 마음이 끌리는 대로 용기를 내어 고통과 괴로움을 포함한 모든 감정을 마주해야 한다. 또한 용기는 다른 사람들이 강하게 반대하고 그 의견에 설득력이 있더라도, 자신이 옳다고 믿는 것을 하는 능력으로 정의할 수 있다.

대한 무감각, 외면, 억누르기를 권하는 메시지들이 사별한 사람의 마음속에 자리 잡으면, 그들은 스스로를 도울 수 있는 자생력을 잃게 된다. 나는 슬픔을 겪어나갈 방법을 찾는 것이 때로 그것을 뛰어넘는 방법을 찾는 것보다 훨씬 힘들다고 말한다. 사실 애도가 잘못된 것이고 좋지 않은 것이라는 신념의 내재화는 실제로 애도하는 것보다 더 기분이 나아지는 것인 양 사람들의 마음을 부추긴다. 그러나 슬픔을 부인하는 것은 삶의 본질적인 한 부분을 부정하는 것이고, 슬픈 흔적의 그늘 안에 살게 하여 사람들을 위험에 빠뜨린다.

돌봄자의 입장에서 다른 사람의 괴로움과 고통이 내 것처럼 느껴질 때, 우리는 본능적으로 그 고통에서 벗어나고 싶어 한다. 하지만 다른 사람들과 동반하는 것은 통제하고 싶은 본능을 이겨내면서 그 고통과 함께 머무르는 것이다. 우리는 다른 사람의 고통을 해결해주고 싶은 충동을 느낄 것이다. 그 고통은 우리에게도 많은 상처를 주기 때문이다.

고난은 뭔가 잘못됐음을 의미하는 게 아

> 인지되지 않고 눈물로
> 표현되지 않은 상처는
> 치유할 수 없는 상처이다.
> ― 존 엘드레지
> John Eldredge

니다. 우리가 뭔가를 잘못했거나 잘못 말해서 생기는 것이 아니다. 토머스 무어(Thomas Moore)가 현명하게 지적했듯이, "육체적이건 심리적이건 간에 돌봄의 기본적인 의도는 고통을 덜어내는 것이다. 하지만 그 증상 자체와 관련해 따라야 할 것은 가장 우선적으로 고통 가운데 드러나는 증상을 유심히 살피고 귀담아 듣는 것이다. 치유하려는 의도가 관찰을 방해할 수 있다. 적게 행하는 것이 많은 성취를 이룬다."

결국 우리가 누군가에게 슬픔과 고통을 서둘러 벗어던지게 한다면, 그는 삶 속으로 상실을 통합시킬 수 있는 기회마저 던져버리는 것이다. 진정한 치유를 위해 동반하기로 결심했는가? 그렇다면 고통을 덜어주기 위해 할 수 있는 일이 없음을 깨닫고, 우리에겐 고통에 대한 책임이 없다는 걸 인지하는 가운데, 고통의 감정이 어떠한지 공감적으로 이해하려고 노력하면서, 다른 사람의 고통을 나누어야 한다. 고통에 참여한다는 말의 역설은, 다른 사람이 느끼는 고통의 감정을 인지할 때, 비로소

> 사실 누군가의 감정을 인지하는 동시에 그 감정을 넘어설 수 있는 능력을 인지하는 것이 가능하다.
> 마리안느 윌리암슨
> Marianne Williamson

그것을 넘어설 수 있는 그 사람의 능력을 인지할 수 있다는 진실에 있다. 헬렌 켈러(Helen Keller)가 수십 년 전에 가르쳐주었던 것처럼, "다른 쪽으로 가는 유일한 길은 그 길을 통과하는 것이다."

영혼의 지혜

물론 당신이 고통에서 벗어나려고 애쓰는 사람에게 마음을 열고 다가가더라도, 상대에게는 아무것도 안 하는 것처럼 보일 수 있다. 하지만 이는 동반하기가 영혼의 속성에 어떻게 영감을 일으키는지를 보여주는 한 예이다. 지혜는 절망 속에서도 당신이 궁극적으로 도움이 되리라

영혼 부재와 신적 섬광

나의 경험상 영혼은 실제로 존재하고, 진정한 나 자신이며, 생명력을 의미한다. 애도자가 "계속 살고 싶은지 아닌지 모르겠다."고 말할 때, 그는 진정한 자신, 생명력의 상실을 표현하는 것이다. 이것을 '영혼 부재'라 부른다. 동반의 역할은 그가 지닌 생명력을 자극하는 방법들 안에서 인내심을 가지고 그와 함께하며, 더 큰 인류 세계에 대한 새로운 결속을 발견하도록 돕는 것이다. 동반하기는 애도자가 마이스터 에크하르트(Meister Eckhart)가 말한 '신적 섬광'을 발견하는 데 어느 정도 매개체 역할을 한다. 그것은 우리 삶에 깊이와 목적을 제공한다. 신적 섬광을 다시 밝히는 데 도움을 준다니 얼마나 경이로운 일인가!

는 사실을 인식하는 감각이다. 지혜로운 돌봄자는 자신이 할 수 있는 것을 알고, 할 수 없는 것은 받아들이며, 다양한 방법들로 차이를 만드는 데 동참하겠다고 마음먹을 것이다.

다른 사람의 고통과 교감하면서, 우리는 두 가지 본질을 발견하고 가꿔야 한다. 곧 겸손과 미지의 상태(unknowing)이다. 우리는 무엇보다 열린 정신과 열린 마음으로 함께해야 한다. 열려 있다는 것은 생각이 없는 게 아니다. 이는 주의 깊게 그 순간에 집중하는 것을 말한다. 바로 지금 여기에서 일어나고 있는 삶과 마주하도록 현재에 머무르게 하는 것, 곧 즉시성에 관한 것이다.

우리가 돌봄자로서 다른 사람의 고난에 초점을 맞추고 집중하면, 우리의 충만한 영혼을 내어줄 수 있다. 고통을 없애야 한다는 선입견을 다 내려놓으면, 사랑과 자비로 우리의 가슴을 넓게 열어 무한한 존재적 참여를 이룰 수 있다. 무르익은 순간에 함께하는 존재야말로 영혼이 머무는 곳이다.

다른 사람의 고통과 슬픔에 동반하는 것

> 우리에게는 너무 깊은 상처가 있어서 슬픔을 짊어질 수 있는 누군가의 중재가 우리를 치유할 수 있다.
> 아그네스 샌포드
> Agnes Sanford

은 그들의 '영혼의 작업'에 동반하는 것이다. 융 학파의 분류에 따르면 '영혼의 작업(soul work)'과 '정신의 작업(spirit work)'이 있다.

- **영혼의 작업**: 정신세계 내면에서 더욱 깊은 곳으로 내려가는 움직임으로서, 어두움과 깊음, 혹은 유쾌하지 않은 감정과도 기꺼이 연결되고자 하는 것을 의미한다.
- **정신의 작업**: 빛을 향해, 위를 향해 올라가는 특징을 지닌다.

슬퍼하는 사람의 고통에 함께한다는 것은, 정신의 작업에 앞서 그들의 영혼의 작업에 기꺼이 참여하겠다는 것이다. 영혼의 작업 속에 있는 누군가의 현존에 동참하는 일의 대부분은, 그 사람의 고난과 고통에 증인이 되어주는 것이지 빠져나갈 통로를 제공하는 것이 아니다. 어둡고, 깊고, 유쾌하지 않은 감정이지만 이 또한 행복과 기쁨이 유지되는 방식과 똑같이 존중되고 겸손히 유지되어야 한다.

우리 자신의 고통을 인지하기

우리가 다른 사람의 고통스런 현실에 마음을 열고 다가설 때, 도전적인 생각들이 슬금슬금 올라올지 모른다. 내가 정말 이 사람을 도울 수 있을까? 그가 겪는 상실의 고통이 나의 상실 경험에 영향을 미치는 것은 아닐까? 막상 도움을 줬을 때, 내게는 무슨 일이 일어날까? 이렇게 밀고 당기는 자극이 일어나는 것은, 다른 사람들의 고통에 동반하기가 얼마나 어려운지 보여준다.

우리가 고난을 마주했을 때 불편하다고 인지하는 능력은 그의 고통에 압도당하지 않고, 현실을 부정하거나 과소평가하지 않게 돕는다. 우리가 할 수 있는 게 없다는 것을 마음에 새기면 다른 사람에게 자신을 온전히 열 수 있고, 자신의 고통과 괴로움에서 벗어날 수 있다. 우리는 더 이상 도망치려고 하지 않을 것이다. 우리는 천천히, 고요히 고통 그 자체에 마음을 열 수 있다. 고통을 바로잡으려고 하는 마음에서 벗어나 있는 그대로를 보는 증인이 될 수 있다.

고통에서 도망가고 싶은 마음이 조금이라도 든다면, 우리는 그 마음을 부드럽게 감싸 안아줄 수 있다. 즉 완전히 새로운 차원으로서의 수용이 가능하다. 동반자가 된 우리에게 요구되는 건 무엇인가 '행동하는 것'이 아니라 '함께 있는 것'이다. 불안과 두려움은 도움을 주려는 마음을 방해한다. 하지만 새로운 차원의 수용은 그 자체의 치유 능력을 신뢰하며 나아가게 돕는다.

결국 우리는 진실하게 경청하고, 고통을 존중하게 될 것이다. 고통을 밀어내거나 해결하고 싶은 욕구를 드러내는 대신 고통 가운데 함께 거할 것이다. 우리는 무심하지 않다. 소극적이지 않다. 언제든 응답할 준비가 되어 있고 온전히 열려 있다. 우리는 호의적으로 다른 사람의 고통에 함께할 것이다.

    살면서 겪은 상실의 고통을 열어보면서, 우리는 그러한 고통을 겪고 있는 주변 사람들을 더 돌보고 싶어진다. 우리 영혼의 더 깊은 차원에서 진실로 다른 사람과 함께하게 된다. 우리는 고통을 부정하는 대신 기꺼이 그것을 열고, 고통이 가르쳐주는 것을 배우게 된다. 다른 사람의 고통뿐 아니라 자신의 고통에도 더욱 예민해지고 관심을 두게 된다. 고통 속에서 고군분투하는 사람들에게 진심 어린 동반자가 되려고 배우는 자세로 스스로를 들여다본다. 정말 영광이다!

02

동반하기는
다른 사람의
영혼의 광야에
함께 거하는 것이다.

문제의 해결점을
찾아야 한다는 책임감을
가질 필요는 없다.

"영적인 여행을 하는 사람에게
한 가지 좋은 지도(map)는
중심으로 이끌어주는 지도이다."

크리스티나 볼드윈
Christina Baldwin

사랑하는 사람이 죽고 난 후 고통을 느낀다고 해서 뭔가 잘못된 것은 아니다. 다른 사람의 영혼의 광야, 그 거친 영혼의 상태에 들어선다는 것은, 해결이나 회복을 위해 뭔가 해야 한다는 생각을 버리고, 영적 고뇌를 통과하도록 함께 걷는 것이다.

거친 광야에서 함께한다는 것은 임계적인(liminal) 공간에 함께 있는 것과 관련된다. 라틴어의 리미나(Limina)는 문지방을 뜻하는 단어로 이것도 저것도 아닌 중간적인 혹은 사이의 공간을 의미한다. 임계적 공간은 대부분의 사람들이 좋아하지 않는 영적 공간이다. 그렇지만 슬픔의 경험이 그들을 이끄는 공간이다. 이곳에서는 종종 슬퍼하는 사람의 세계관(세계가 어떻게 기능하는지, 그들이 그 안에서 어떤 위치를 차지하고 있는지에 대한 일련의 신념)이 문제가 된다. 산산이 부서진 세계관을 다시 맞추려면 어떻게 해야 하는가? 역설적으로 해결을 위한 노력이나 조언, 설명은 소용없다는 사실을 아는 동반자들이 필요하다. 혼란스러운 경험을 위한 도움에는 어떤 기술도, 형식도, 처방도 필요하지 않다.

영혼의 광야에 있는 누군가와 함께하려면 결과에 대한 기대 없이, 결과를 강요하지 말고 현재 상태에 열려 있어야 한다. 북미 사람들은 대부분 이러한 과정을 신뢰하지 않는다. 그들은 애도자를 황폐한 상황에서 빼내려 한다. 아니면 이쪽이나 저쪽으로 옮겨주려 한다. 그러는 사이 우리는 답과 설명을 요구하고 빠르고 효과적인 해결책을 기대하는 사람들로 변해간다.

상실의
모호성

우리는 고통, 슬픔, 두려움, 모호함, 통제력 상실 등 슬픔의 광야에서 겪는 일반적인 증상을 좋아하지 않는다. 우리는 어둠을 마주하기 전에 빛을 보기를 원한다. 만일 우리가 돌봄을 필요로 하는 증상 앞에서 고요함을 유지하지 못한다면, 우리는 돌봄자로서 설명을 하거나 증상들을 없애고 싶은 유혹에 빠질 것이다. 결국 우리는 임계적인 공간에 함께 있으려고 하기보다 무엇이든 설명하는 편이 낫다는 거짓된 생각에 빠지게 된다. 끔찍하게 아무것도 모르는 구름 속에 있느니 컨트롤하는 것이 낫다고 생각한다. 하지만 컨트롤의 반대는 사실 참여이다. 이런 맥락에서 세계관을 재구성하는 동안 애도의 작업에 동반하는 것이다.

재구성 과정

사별했다는 말의 문자적인 의미는 '찢어지듯 아프게 분리'되었다는 것이다. 누군가가 죽음으로 극심한 슬픔을 경험하며 찢어지듯 아프게 분리되었을 때, 그들은 '재구성 과정' 속에 있는 것이다. 미국 심리학자 매슬로(Maslow)의 인간욕구 단계설은 우리에게 근원적인 욕구가 무엇인지 가르쳐 준다. 즉 집, 음식, 물, 잠은 더 높은 욕구들이 충족되기 전에 가장 먼저 해결되어야 할 요구사항이다. 따라서 매슬로의 주장대로 애도자의 생리적 욕구들이 먼저 해결되어야 하며, 안전, 사랑과 소속, 자기 존중, 자아실현의 욕구가 뒤따라야 한다. 치유를 위해, 애도자는 반드시 삶 전체를 근본 바탕에서부터 재구성해야 한다.

많은 돌봄자들에게 도전과제는 의식적으로든 무의식적으로든 해결하려 하거나 욕심내지 않고 광야의 문턱에 서 있는 것이다. 달리 말하면 우리에게는 열린 마음으로 결과를 기다리지 않고, 결과에 집착하는 경향이 있다. 분명한 것은 애도자를 고통과 괴로움에서 벗어나게 해주고 싶은 본능은 자신의 고통에서 멀어지고 싶은 욕망에 뿌리를 두고 있다는 것이다.

애석하게도 많은 돌봄자들이나 평범한 사람들이 슬픔을 적으로 간주한다. 깊은 슬픔에 잠기는 것은 우리가 자초하거나 선택한 것이 아니다. 현대사회의 경향은 마치 "나는 슬픔을 받아들일 것이며, 모든 절망의 고뇌와 고통으로 가는 길을 걸을 것이다."라고 말한 조지프 에디슨(Joseph Addison)의 명언을 존중하기보다는 오히려 "염려하지 말고 행복하라(Don't Worry, Be Happy)."고 한 바비 맥퍼린(Bobby McFerrin)의 노래 가사에 더 동조하는 듯하다.

어딘지 모르는 공간의 경험, 그것이 슬픔이다

반대로, 고대 문화는 인생 여정에서 만나는 전환점으로서 광야에 거하는 것의 가치를 이해하였다. 그들은 40일간 사막 생활을 하거나, 산의 정상에 오르거나, 홀로 대양을 여행하면서 스스로를 광야 속으로 몰

우주에 이르는 가장 확실한 길은 야생 숲을 지나가는 것이다.
존 뮤어
John Muir

아녔었다. 그들이 가진 근원적인 신념이 무엇이든, 그들은 어디로 가야 할지 알기 위해서, 자신이 누구였는지 어떤 사람인지에서 벗어나, 우선 어디로 가야 할지 모르는 경험을 했다. 광야의 '어딘지 모르는 공간' 속에서 그들은 새로운 사람과 새로운 공간을 세우는 작업을 시작할 수 있었다.

삶의 전환기에 선 사람들과 동반하다 보면 우리는 어딘지 모르는 공간의 광야를 지나면서 그 속으로 추락해가며 느끼는 두려움, 때로는 원초적인 공포를 받아들여야 한다. 그렇게 하지 못하면, 우리는 상실을 삶에 통합할 수 없다. 반대로 우리가 광야의 황폐한 경험 가운데서 상실의 고통에 마음을 연다면, 서서히 일어나는 변화를 알아차릴 것이다.

물론 애도자들에게 다른 방식을 강권하는 경우도 있다. 우리는 "계속 바쁘게 지내세요." "견뎌 내세요." "만날 사람을 찾아보세요." 등의 말을 듣는다. 이처럼 애도를 회피하게 만드는 이야기들을 따르면서, 애도자는 자신의 옛 자아를 찾기 위해 과거 익숙한 시간이나 공간으로 발걸음을 옮기기도 한다. 하지만 옛 자아는 영원히 사라졌다. 이제 슬픔의 광야 속 일시적인 방황이 오히려 익숙한 자리이다. 천천히, 거듭해서, 친절한 동반자들과 함께하면 애도자는 새로운 의미를 찾고 새로운 자아를 발견할 수 있다.

혼란의 시간을 지날 때, 광야에 거하게 되는 불편함과 의아함은 나름대로 의미가 있다. 일종의 '정화 단계'이다. 매우 천천히 뭔가 다르게 변화되는 여정의 한 단계이다. 중요한 것은 다른 방식을 따르고 싶은 본능에도 불구하고, 이러한 과정을 받아들이고 존중하며, 이에 의지해 보는 것이다.

이것도 저것도 아닌, 사이에 낀 공간에 있는 것은 불편하다. 절망적이고, 컨트롤이 안 되며, 우울하고, 불안하고, 불확실하다. 아프리카 일부 지역에서는 알 수 없는 공간에 있는 사람을 '잿빛 구름의 땅을 걷고 있는 것'으로 이해한다고 한다. 알 수 없는 시간, 불확실함의 시간에 뭔가 행동을 취하는 시도는 부적절하고 심지어 어리석어 보인다. 반면 그 과정을 신뢰하고 기다리는 것이 지혜로운 행동이다. 그 과정을 신뢰하는 것의 반대는 통제할 수 없는 것을 통제하려고 하는 시도이다. 깊은 슬픔과 애도를 경험하는 동안에는 분명히 불가능한 일이다.

분리와 슬픔

> 만일 우리의 작업이 치료 추구가 아닌 지속적인 돌봄의 일이라고 생각했더라면, 심리학계에 주목할 만한 변화가 일어났을 것이다. … 영혼의 돌봄은 억지로 혹은 강한 의지로 변화를 추구하는 것이 실질적인 변화를 방해할 수 있다는 역설을 말한다.
> 토머스 무어
> Thomas Moore

결과에 얽매이지 않는 것의 핵심은 분리(detachment) 개념이다. 대부분의 서양인들은 '분리'를 온정과 돌봄의 부족 때문이라고 생각한다. 하지만 분리라는 단어는 때로 '철저하게 객관적인 장소에서 오는 능력'으로 정의된다. 이러한 관점에서 분리는 당신이 통제할 수 없는 것을 억지로 통제하지 않는 것이라고 볼 수 있다. 부분적으로, 이는 증상을 안고 함께 가는 것이다. 영혼이 가르쳐주는 깊은 감정을 관찰하고 그것을 변화시키려 하지 않는 것이다. 즉 당신이 그것을 변화시키거나 없애야 한다는 의무적인 생각 없이 지금 이 순간에 충실한 것이다. 당신은 영혼을 관찰한다. 영혼의 작업에서 오는 증상들을 감추거나 쫓아버리려고 하지 않는다. 이러한 모든 시간을 통해, 당신은 슬픔을 두고 돌아가거나 넘어가려는 것보다 참을성 있게 겪어 나아가는 것의 필요성을 인식하게 된다.

당신은 분리되었어도, 여전히 깊은 영혼의 작업에 온전히 함께하고 있다. 이는 상실의 고통을 없애야 한다는 책임감을 느끼지 않는 것과 관련 있다. 사실 당신은 그곳에 있기를 바라는 것이 아니라 그곳에 있는 것에 온전히 함께하는 방식에 관심을 기울인다. 당신은 결과에 열려 있고, 결과에 얽매이지 않는다! 선불교에서 말하듯 "봄은 온다. 그리고 풀은 스스로 자라난다." 동반자는 보다 적은 노력이 때로 더 나음을 인정하는 사람들이다.

신적 동인

슬픔에 잠겼을 때, 신적 동인(divine momentum)은 애도 과정이 그 자체로 치유와 화해로 이어진다는 개념이다. 슬픔을 받아들이고 표현함으로써, 애도자들은 수차례 다른 사람들의 도움을 받아 한 단계 앞으로 나아갈 것이다. 신적 동인을 신뢰하는 것은 치유가 일어날 수 있고 또한 일어날 것을 믿는 것이다. 동반자로서, 당신은 여정을 위한 안전한 출발점을 제공함으로써 치유를 위한 신적 동인을 갖추게 도울 수 있다. 사별 애도자들이 집중해야 할 일에 집중할 수 있도록 자유롭고 열린 공간을 제공하라.

사별 돌봄의
새로운 모델들

돌봄을 위한 원리는 마음의 문제를 이성적이고 합리적으로 이해하려는 현대 심리학의 접근방법과 다르다. 현대 심리학은 사람들의 문제를 확인하고 해결해주려 한다. 바로 '관리되는 돌봄 서비스'이다. 현대 심리학에서는 숙고하고, 관찰하고, 존중받아야 할 영혼의 가치와 고통의 증상들을 이해하는 모델을 찾아보기 힘들다.

우리는 영혼 돌봄에 기초해 예민한 마음을 설명해줄 모델이 필요하다. 애도자들이 슬픔의 광야를 마주할 때, 신비로운 일에 마음이 열리도록 그들을 수용하는 모델이 필요하다. 우리에게는 주변 환경을 모두 통제하거나 이해할 필요가 없음을 인정하는 모델이 필요하다. 사실 이것은 우리에게 독특한 관점을 제공하는 죽음, 그 신비로운 경험 '아래 서는 것(under-stand)'일지 모른다. 우리는 죽음보다 크거나 그 위에 있지 않다. 어쩌면 우리는 이해할 수 없는 광야의 임계적 공간(liminal space)을 발견한 후에 지속되는 삶에서 참을성 있게 새로운 의미와 목적을 발견할 수 있다.

슬픔에
항복하기

경험에 따르면, 우리가 동반자로서 애도자들이 슬픔을 비교하려는 욕구를 포기하도록 도울 때 '이해하기'가 가능하다(이것은 경쟁할 일이 아니다). 자기 비판적인 판단 욕구도 포기하게 하고(자기 긍휼은 상실을 삶으로 통합시키는 데 중요한 요소이다), 완벽하게 이해하려는 욕구도 포기하게 해야 한다(우리는 완벽히 이해할 수 없다. 신비는 설명되는 것이 아니라 숙고되어야 하는 실체이기 때문이다).

우리 영혼을 움직이는 슬픔은 자신만의 목소리를 가지고 있다. 비교, 판단, 완벽한 이해를 바라는 욕구들과 타협할 수 없다. 사실 알 수 없는 슬픔의 광야에 항복하는 것은 용기 있는 선택이며, 믿음의 행동이고, 내 안에 계신 하나님에 대한 신뢰이다. 애도하는 사람은 자애롭고 판단하지 않는 동반자들과 함께 걸으며 이러한 신비를 마음속에 품고 스스로를 받아들일 수 있다. 내 희망은 이 책을 읽는 바

때로 지식과 지혜는 반비례 관계처럼 보인다. 전문적인 심리학은 이론적인 프로그램들을 지나치게 많이 가지고 있다. 때로 심리치료를 위한 지침들은 엄격한 요구사항들을 가지고 있다. 하지만 거기에는 영혼의 신비에 대한 지혜가 심각하게 결핍되어 있다.

토머스 무어
Thomas Moore

로 당신이다.

슬픔을 변화시키려면 당신이 겪는 경험에 항복해야 한다. 슬픔을 부정하고, 억제하고, 바꾸겠다며 통제하려고 하면 키르케고르(Kierkegaard)가 말한 무의식적 절망에 빠지게 된다. 슬픔의 영적 작업은 고통 속으로 들어가 그것을 통과하는 과정이 필요하다. 고통을 겪는 다른 사람들, 나아가 공동체의 일원들과 함께 연합하도록 돕는 방법들 안에서 상실의 고통을 통합시켜야 한다.

영국 낭만주의 시인 존 키츠(John Keats)는 셰익스피어에게 '소극적인 수용력(negative capability)', 즉 '진실과 원인을 탐색하면서 동요 없이 신비와 의심 가운데 거하는 능력'이 있다고 말했다. 광야의 경험에서 생존하는 방법은 아무것도 안 하는 것처럼 보이더라도 애도의 힘든 작업을 하고 있다는 사실을 기억하는 것이다. 애도자는 조금씩 진전이 보이는 것 같고 깊은 광야를 서서히 벗어나고 있다고 느끼다가도 주변의 영향을 받으면서 다시 역행하거나 황폐함을 느낄 수 있다. 이 또한 슬픔의 본성이다. 광야 경험을 완벽히 정복할 수는 없다. 자연 세계의 바람이나 폭풍, 야수들을 통제할 수 없듯이 우리는 슬픔을 완벽히 정복할 수 없다. 하지만 애도자가 광야를 경험할 때, 그에게는 함께 가는 동반자가 필요하다. 그리고 그 과정에서 돌봄을 받는 것이 마땅하다.

03

동반하기는
영적인 면을
존중하는 것이다.

지성에 초점을
맞추지 않는다.

"궁극적인 치료는
고대와 현대의 심층 심리학에서 제시하듯
논리에서 나오는 것이 아니라
사랑에서 나온다."

토머스 무어
Thomas Moore

찢어진 것이 다시 회복되려면 우리에게는 지성 그 이상이 필요하다. 우리에게는 정신과 영혼에서 나오는 경험이 필요하다. '정신(Spirit)'은 넓게는 인간의 비육체적인 본질로 정의할 수 있다. 이때 정신이란 지성, 감성, 개성, 영성의 차원을 포함한다. 나는 종종 정신을 '삶의 동력'으로 여겼다. 인간으로서 우리는 몸을 입고 이 세상에 들어온 정신의 탐구자들이다.

'영혼(Soul)'은 물질이 아니라 삶을 경험하는 속성 혹은 차원이다. 토머스 무어(Thomas Moore)는 영혼이 '깊이, 가치, 관계, 마음, 그리고 개인의 본성'과 관련 있다고 말한다. 만일 우리가 다른 사람의 슬픔에 동반하기를 원한다면, 우리는 반드시 정신과 영혼의 문제를 마주해야 한다.

우리는 인간이기에 때로 슬픔의 경험을 이치에 맞게 설명함으로써 아픈 감정에서 자신을 보호하려고 한다. 우리는 지성과 감정 사이를 오가며 머리를 따를지 마음을 따를지 고민한다. 현재 북미 문화는 상실의 감정을 겪어 나아가는 대신 상실의 주변에 머물라고 강요한다. 우리는 상실을 극복해야 할 것, 놓아버려야 할 것으로 여기고, 효과적으로 대처해서 빨리 삶으로 돌아와야 한다고 생각하면서, 슬픔을 수습해야 할 대상으로 본다.

하지만 완벽주의자의 지적인 방식으로도 정신과 영혼의 문제를 극복하거나 놓아버릴 수 없다. 만일 우리가 정신과 영혼에 더욱 주의를 기울이고 싶다면, 우리는 해결하겠다는 희망을 버리고, 슬픔의 에너지를 존중히는 기운데 돌봄을 베풀어야 한다. 관계와 영혼을 추구한 시인 존던(John Donne)은 이렇게 말했다. "애도할 시간이 없는 사람은 회복될 시간도 없다." 슬픔을 존중하려면 슬픔의 복잡성을 공감해주어야 한다.

있는 그대로 받아들이기

모든 고난은 영혼에 통찰력을 불어 넣는다.
마르틴 부버
Martin Buber

우리는 슬픔에 잠긴 정신과 영혼을 보면서, 고통스러운 감정을 없애려고 하지 않고 더디게 가는 것의 가치를 발견하게 된다. 이는 슬픔의 여정에서 반드시 필요하다. 만일 우리가 애도자의 상실에만 집중하면, 정신과 영혼에 도달하려는 노력을 기피하게 된다. 당신이 돌봄자로서 정신과 영혼이 보내는 메시지들에 주목할 때, 이 여정에 내재된 불편한 생각과 감정을 공감하게 된다.

이러한 전제에서 당신은 애도자들이 지적인 판단에 따라 회피하고 거부하는 우울, 불안, 통제력 상실을 마주하도록 도울 수 있다.

그들은 그러한 상태에 머물고 싶어 하지 않겠지만, 당신은 생생한 감정 속에 들어가 그 감정과 함께 일한다. 애도자가 경험하는 슬픔을 관리하려고 노력하는 대신에 당신은 그 사람을 버티게 하는 슬픔의 가치를 깨닫게 된다. 그리스 철학자인 헤라클레이토스(Heraclitus)는 이미 오래 전에 "영혼은 자신을 스스로 밝히는 원천을 가지고 있다."라고 말했다.

슬픔에 대한 대체요법적 반응은 그것에 대항하는 것이 아니라, 나타난 그대로의 모습과 함께 걷는 것이다. 슬픔을 적으로 돌리는 대신 친구로 삼아야 한다. 서둘러 없애려고 하기보다 슬픔을 느껴야 한다.

만일 애도자가 깊은 슬픔에 잠겨 있다면, 그의 정신과 영혼은 슬픔 속으로 혹은 슬픔을 통과하는 여정의 변화를 표현하는 것이다. 감정의 격렬한 반응을 어떤 전략으로 극복하게 하거나 미성숙한 기술을 이용해 (부적절한 목표인) 삶의 '정상적인' 상태로 돌아오게 하려고 노력하는 대신, 영혼의 리듬에 보다 조화롭게 머물게 하는 것이 증상에 대처하는 확실한 방식이다. 그 외의 다른 대응은 정신과 영혼이 가져올 좋은 결과와 억지로 맞서 싸우게 하는 것과 같다.

요즘 시대에 우울은 부정적인 면에서 다루어지고 있다는 생각이 든다. 하나님께서 우리에게 결코 우울감에 빠지지 말라고 명령하신 것처럼 생각하는 것 같다. 그러나 경험에 비추어 볼 때, 일상에서 마주하는 소중한 사람들의 죽음을 맞닥뜨리면 우리는 자연스럽게 우울해진다. 우울을 다음과 같이 정의한다면 더욱 그렇다.

우울: 외부 세계의 삶이 더 이상 의미와 가치가 없다고 느껴질 때 내부로 방향을 전환하는 것.

영혼의 작업
존중하기

영혼과 정신의 작업을 존중하려고 노력하는 동반자에게 주어진 역할은 그 순간 표현되는 것에 공감하는 일이다. 예를 들자면 어떤 사람이 상담센터에 찾아와서 "나는 아침에 잠자리에서 일어나는 것이 힘들다."라고 말했을 때 나의 책임은 깊은 슬픔에 따라오는 그의 무기력감을 극복하게 해주겠다고 기교를 사용하지 않는 것이다. 대신에 나는 상실을 겪은 후 그의 정신과 영혼의 상태가 어떠한지를 공감해준다. 나는 애도자들이 그들의 영혼의 작업을 받아들일 수 있게 도와준다. 애도자들은 직간접적으로 자신의 상태를 표현한다. "사랑하는 사람이 죽었다. 나는 혼자인 것 같다. 나의 몸과 정신과 영혼은 우울감에 빠져 있다. 나는 매일의 삶에서 의미와 목적을 상실했다. 삶의 의미를 새롭게 발견하려면 어떤 노력을 기울여야 할까?" 우리는 애도자들이 던지는 질문에 공감적 반응을 보여야 한다. 이는 어떠한 비판이나 판단 없는 동반적 관계를 형성하도록 돕는다.

존중은 사별자들이 겪는 육체적, 감정적 증상들이 정상적인 상태라고 스스로에게 자비를 베풀 수 있도록 이끌어준다. 나는 그들을 위해 다시 말해줄 수 있다. "아, 그렇군요. 그래서 지금은 아침마다 침실에서 나오기 힘들다는 말이군요." 슬픔에 빠진 사람들에게 응답하는 나의 방식은 '슬픔을 넘어서는 유일한 길은 오직 그 슬픔을 통과하는 길밖에 없다.'라는 믿음에 기초한다. 애도자들이 경험과 이해의 범주를 넘어서기 위해서는 반드시 내려가는 경험을 해야 한다. 현대의 많은 치료들은 이렇게 내려가고 넘어서는 경험을 순서 없이 겪게 한다.

정신과 영혼이 슬픔의 여정에 들어설 때, 일반적인 지혜나 지적인 삶은 그 힘을 잃는다. 고통을 피하기 위해 이성적으로 생각하라는 충고가 있다. "우울해해도 죽은 사람은 돌아오지 않아." 하지만 이성화시키는 방식은 좋은 결과를 가져오지 못한다. 정신과 영혼의 목소리를 억누르는 것은 사별자들이 죽음을 삶으로 통합시키는 길에서 더욱 멀어지게 만든다. 우울은 애도자들이 회복으로 나아가도록 통찰력을 키우는 능력을 지녔다.

> 세상의 고통이나 문젯거리가 지성을 훈련시키고 영혼을 형성하는 데 얼마나 필요한지 알지 못하는가?
> ― 존 키츠
> John Keats

> 나는 결코 이성적 사고의 과정을 통해서는 어떠한 발견도 하지 못하였다.
> ― 알버트 아인슈타인
> Albert Einstein

정신과 영혼을 존중하는 것은 슬픔이 주는 고통과 상실의 실상을 인정하는 것이다. 토속 문화에서는 진실을 말하는 것과 정직의 중요성을 강조할 때, "영혼의 언어로 말하라."라고 한다. 정신과 영혼을 존중하는 것을 나는 이렇게 표현하고 싶다. 상실로 인한 솔직한 고통에 증인이 되고 애도자에게 변화의 여정에 관한 진실을 확증해주기 위해서 '영혼의 귀로 들으라.'

슬픔의 여정에서 정신과 영혼의 존중이라는 핵심을 되새기면서, '진실함'과 동의어라 할 수 있는 아니면 자신의 영성과 연결되는 거룩한 공간을 샤머니즘적인 개념으로 생각해본다. 당신이 당신 자신임을 경험할 때, 당신은 자신만의 거룩한 공간에 있게 된다. 또한 당신이 거짓 없이 자기 자신이 될 때, 자신만의 거룩한 공간 안에 자리할 수 있다. 슬퍼하는 사람들과 동반할 때 진정한 자신이 되면 다른 사람의 정신(생명력)을 존중할 수 있다.

슬픔을 영혼과 정신 중심으로 이해하는 것은 전통적인 정신건강 돌봄의 언어와는 다른 언어를 요구한다. 우리는 애도 과정에서 고군분투하는 사람들을 위해 그들의 슬픈 감정을 존중하고, 그들의 정신과 영혼에 목적이 있음을 인정해주고, 그들을 머리가 아닌 가슴으로 지지해줌으로써 동반할 수 있다.

04

동반하기는
마음으로
이야기를 듣는 것이다.

머리로 분석하지 않는다.

"마음의 귀로 듣고 동참하라."

성 베네딕트
Saint Benedict

종종 돌봄자들은 슬픔에 관한 과학적 분석과 개입에 기초한 치료 이론 때문에 마음(heart)으로 경청하는 기술의 신성한 가치를 제대로 보지 못한다. 사실 머리를 써서 평가하고, 진단하고, 치료하는 다양한 방법이 있다. 하지만 이런 방법은 당신에게 마음과는 거리를 두라고 말한다.

> 마음에 답이 있는데, 머리로는 이해하고 싶어 하지 않는다.
> **로버트 칼**
> Robert Kall

우리가 쓰는 말에는 마음에 대한 표현이 많다. "기운을 내라(Take heart)", "문제의 핵심(The heart of the matter)", "마음이 있는 곳이 집이다(Home is where the heart is)." 이런 표현은 우리의 신성과 인간성에 대한 본능적인 이해를 보여준다. 우리는 진정한 애도란 상처 입은 마음을 치유하기 위한 일종의 탐험임을 깊이 인식하고 있다.

오랜 세월을 지내며 겪은 상실의 경험에서, 또한 나를 믿고 함께했던 사별자들에게서 배운 것이 있다. 마음의 길은 애도자와 동반자 모두에게 해당한다는 것이다. 마음으로 듣는 것은 긍휼과 이해를 표현할 능력에 바탕을 두고, 슬픔을 겪는 사람들과의 연대를 보여주고자 하는 깊은 열정에서 나온다. 슬픔 돌봄 분야에서는 마음 중심이나 영혼 중심의 모델이 필요하다.

열린 마음의 힘

동반자로서 마음을 열고 슬퍼하는 사람들을 보살펴 줄 수 있다는 것은 좋은 소식이다. 하지만 기억할 것이 있다. 온갖 가정들에 대해서 질문하고 마음으로부터 돌봐주는 책임감 있는 반역자가 되어야 한다는 것이다. 왜냐하면 어떤 학파에서도 "마음으로 경청하라. 열린 마음으로 다른 사람들을 보살피라." 하는 식으로 말하지 않기 때문이다. 내가 그랬듯이 당신은 스스로 배우거나 다른 책임감 있는 반역자 멘토에게 도움을 구해야 한다.

나는 우리가 마음을 열기 위해 목표를 설정하고, 시간과 노력을 기울일 수 있다고 믿는다. 첫 번째로 내면의 결정이 중요하다. '나는

> 경청이란 다른 사람과 함께하고자 하는 진실한 소망이며 마음자세이다. 이는 다른 사람의 감정을 돌보고 치유를 끌어낸다.
> 제이 아이샴
> J. Isham

열린 마음으로 일할 것이다.' 그러나 요즘 시대에는 방해하는 것들이 워낙 많아서 (예를 들어 관리된 돌봄, 단기 치료, 결과중심 치료, 빠른 속도 문화, 치유에 있어 상처의 역할에 관한 이해의 부족) 결단을 내리기 전에는 결코 마음을 열 수 없다. 게다가 마음의 결단은 당신에게 진정으로 의미 있는 것에 근거한다. 즉 슬퍼하는 사람들과 함께하는 길이라는 마음의 이끌림, 존재의 방식에 대하여 들은 이야기에서 받은 영감, 당신 안의 타고난 열망을 들 수 있다.

열린 마음으로 보살펴주려면 네 가지 중요한 요소를 생각해야 한다. 겸손, 미지의 상태, 조건 없는 사랑, 다른 사람을 '받아들이기 위한 준비'로서의 영적 훈련이다. 각각의 요소에 대해 설명해 보겠다.

겸손

겸손은 당신이 애도에 관한 전문가가 아니라는 사실을 깨닫게 해준다. 당신은 애도 전

> 당신의 학식을 회중시계처럼 주머니 속에 감춰라. 단지 가지고 있다는 것을 보여주기 위해서 꺼내어 알리지 마라.
> ― 체스터필드 경
> Lord Chesterfield

문가에게 가르침을 받는 학생이다. 겸손은 또한 당신의 장점과 한계뿐 아니라 실수들에서 기꺼이 배우려는 마음자세이다. 당신이 겸손해진다면, 환대하고 인내하며 남을 판단하지 않을 것이다. 당신의 영혼이 열려 온전히 함께하고 온정을 베풀며 평화가 가득찰 것이다.

미지의
상태

미지의 상태가 의미하는 것은 열린 마음으로 온전히 사별자와 함께하는 것이다. 아무 생각 없이 하는 것이 아니다. 오히려 그 순간에 맑은 정신으로 동참하면서 마음을 다하는 것이다. 미지의 상태는 의식적인 노력이나 기교로 이루어지는 것이 아니라, 내려놓는 마음으로 가능하다. 누군가의 애도 과정을 관리하고 통제하려는 마음을 내려놔야 한다. 미지의 상태는 우리의 마음을 영혼의 길로 안내하고, 애도자가 진정한 애도를 표현할 수 있는 안전한 공간을 조성해 준다. 영혼의 영역은 가장 두려워하는 것을 마주할 수 있는 장소이며, 자신의 마음을 닫아버리고 싶은 유혹의 문을 열 수 있는 공간이다. 미지의 장소에서 도움을 줄 때, 우리의 충만한 영혼이 슬픔 가운데 있는 사람들을 지지하는 데 다다를 수 있다.

조건 없는 사랑과 수용

열린 마음의 핵심은 애도자에게 조건 없는 사랑과 수용을 표현하는 것이다. 사랑은 슬픔의 핵심이고, 자애로운 돌봄의 중심이다. 조건 없는 사랑은 어떠한 대가도 없이 당신 안에서 흘러나오는 신성함을 표현하는 것이다.

조건 없는 사랑은 애도자가 진정으로 애도할 수 있게 신성하고 안전한 공간을 만들어 준다. 동시에 애도자가 자신에 대한 책임감을 갖게 한다. 당신은 동반자로서 애도자에게 책임감을 느낄 수 있지만, 그를 위해 책임질 필요는 없다. 조건 없는 사랑을 논하는 일에서 역설적인 것은 당신이 애도자를 위해 무엇을 해줄지 고심하는 것이 아니라 애도자가 해야 할 일을 하도록 자유롭게 두는 것이다. 조건 없는 사랑은 애도할 수 있는 안전한 항구를 제공하는 것이지, 지나칠 정도로 보호하려 들거나 애도할 자유를 가로막는 것이 아니다.

조건 없는 사랑은 경험의 한계를 넘어 당

> 당신이 만나는 사람들에게 조건 없이 사랑을 주고 수용해 보라. 그리고 어떤 일이 일어나는지 관찰해 보라.
>
> 웨인 다이어
> Wayne Dyer

신의 돌봄을 향상시켜줄 것이다. 우리의 열린 마음은 애도자에게 신성한 사랑을 경험하는 통로가 될 수 있다. 동반적인 관계는 조건 없는 사랑이 주는 지혜와 치유의 능력에 힘입어 신성함을 얻는다.

조건 없는 사랑은 당신을 '흐르는 물 같은' 존재적 상태로 이끌어 준다. 당신이 이러한 흘러감을 경험할 때, 외적으로는 애도자의 순간순간 필요들에 집중할 수 있다. 애도자는 당신의 진심 어린 동반을 느끼고 경험할 수 있다. 이러한 흐름에 이르려면 영혼의 차원에서 드러나는 사랑을 적극적으로 표현할 수 있게 의식적으로 수련해야 한다.

조건 없는 사랑은 다섯 가지 차원(신체적, 인지적, 감정적, 사회적, 영적)에서 경험되고 표현된다. 다섯 가지 차원 가운데 당신의 삶의 에너지를 표현하고자 할 때, 당신은 조건 없는 사랑의 은혜와 자비를 발현할 것이다. 그럴 때 당신이 되고자 하는 진정한 의미의 동반자가 될 수 있다.

조건 없는 사랑의 다섯 차원 이해하기

- **신체적 차원**: 목과 가슴 부위, 특히 가슴 부위로 느껴지는 따뜻함, 배려심, 편안함. 슬픔의 여정을 기꺼이 받아들여주는 사람에게 받는 편안하고 존중받는 느낌.
- **인지적 차원**: 애도자의 슬픔이 생각하는 것과 다르더라도 판단하지 않고 받아들이는 것. 평가하거나 진단하지 않는 것. 판단 없이 '이해하는 것'. 환대하고 인내하는 것.
- **감정적 차원**: 열린 마음으로 모든 감정에 함께하는 것. 동반자로서 자신의 감정이 어떤 영향을 받았는지 의식적으로 탐색하는 것. 돌보는 역할과 부름 받은 사역의 인식에서 감정적으로 일관성을 유지하는 것.
- **사회적 차원**: 다른 사람의 슬픔을 돌보는 '신성하고 안전한 공간'을 조성하는 능력. 애도의 정의에서 핵심은 '상실에 대해 공유하는 사회적 반응'이다. 겸손히 자신을 내어주는 것. 동반자로서 기쁨을 얻는 것. 이러한 역할 안에 마음의 평안을 얻는 것.
- **영적 차원**: 긍휼한 마음에서 나오는 친절함, 긍정감, 창조적 에너지의 전달. '함께 고난 받기'를 감수함. 다른 사람과 '함께 걷기' 혹은 '빵을 나누기'를 원하는 마음. 머리가 아닌 마음으로 접근하여 영혼의 차원에서 어루만져줌. 이러한 방식 안에서 치유와 통합을 가져올 수 있는 애도자의 능력에 대한 신뢰와 낙관.

신학자이며 교육가인 매튜 폭스(Matthew Fox)는 현명하게 관찰했다. "우리가 기쁘고 마음이 충만할 때, 지혜가 흘러나온다. 지혜는 머리에 있는 것이 아니라 긍휼을 느끼는 가슴과 직감에 있다." 조건 없는 사랑은 위에 소개한 다섯 가지 차원으로 표현된다. 당신이 임상적 차원이 아닌 사랑의 마음으로 사역할 용기를 낼 때, 동반자가 되고자 하는 타고난 열정을 발견할 것이다.

받아들이기 위한 준비

오랜 시간에 걸쳐 나는 겸손, 미지, 조건 없는 사랑의 표현을 촉진하는 방법을 통해 사별자들과 온전히 함께할 수 있도록 마음과 영혼을 준비하는 영적 훈련이 지닌 가치를 발견했다. 나는 이러한 훈련을 '받아들이기 위한 준비' 의례라고 부른다.

애도의 여정에서 지지가 필요한 누군가를 만나기 전, 나는 상담 센터 안이나 바깥에서 조용한 장소를 찾는다. 거룩한 분위기를 조성하고 일상적 삶의 테두리에서 벗어나 고요와 침묵 속으로 빠져든다. 객관적인 감각을 유지하면서, 나의 영혼이 온전히 애도하는 사람이나 가족과 함께할 수 있게 준비한다. 이러한 훈련은 열린 마음 안에 아무것도 끼어들지 못하게 자신을 비우는 방법이다. 다른 사람의 이야기를 경청하기 위해, 먼저 나 자신의 소리에 귀를 기울인다.

어느 정도 조용한 시간을 보낸 후, 나는 세 가지 문구를 되뇐다.

"속도에 대한 보상 없음."
"신성한 순간의 경험"
"결과에 집착하지 않음."

나는 이 말들을 되새기면서 마음을 안정시키고, 애도하는 사람들이 상실을 애도할 수 있는 거룩한 공간을 만드는 것이 나의 역할이라는 사실을 인식하고, 문제를 해결하려 노력하기보다 그들이 있는 그 자리에 온전히 동참하는 것의 중요성을 떠올린다. 이 문장들을 두세 번 되뇐 후, 나는 일종의 선언을 하며 마무리한다. "슬픔 가운데 있는 사람들이 삶과 사랑을 지속할 수 있도록 제게 좋은 애도를 도울 기회를 주셔서 감사합니다."

    슬픔과 고통 가운데 있는 다른 사람을 받아들이기 위한 영적 훈련은 내가 수행하는 방법과 반드시 똑같을 필요는 없다. 하지만 열린 마음의 공간을 확보하기 위한 의례는 반드시 거쳐야 하다. 이는 열린 마음의 수용을 위한 샘과 같다. 그 샘의 물은 필요하면 온전히 흐른다. 그런 다음에 아름다운 여정이 열리는 것이다. 마음으로 듣고 응답하면서 당신은 애도하는 사람의 필요에 차분히 공감하게 된다. 애도자는 자기 마음을 이해하게 되고, 사랑하는 사람의 죽음을 삶으로 통합시킬 수 있는 능력 안에서 자신의 가치와 신념을 인식하게 된다. 당신은 누군가의 소중한 여행길에 잠시라도 동반할 수 있는 특권을 누리는 것이다.

05

동반하기는
다른 사람의 힘든
과정에 함께 있으면서
증인이 되어주는
것이다.

그 과정에서 판단하거나
방향을 제시하지 않는다.

"때때로 우리는 어루만지기, 웃음,
친절한 말, 경청, 진솔한 칭찬,
또는 작은 배려의 가치를
과소평가할 때가 있다.
이 모든 것은 우리 삶을 회복시킬
잠재력을 가지고 있다."

레오 버스카글리아
Leo Buscaglia

슬픔 속 어둠을 경험하는 애도자의 고통에 증인이 되는 것은 그의 현존에 동참할 수 있는 깊은 영적 소통의 한 형태이다. 만일 상실로 고통을 겪는 사람의 언어를 치료적인 관점에서 보지 않고 열린 마음으로 듣는다면, 당신은 다른 사람의 생생한 경험 안으로 들어가 온전히 살아 있는 인간 현존을 만날 수 있다. 판단하려는 마음에서 완전히 벗어날 때, 애도자에게 가르침을 얻을 채비를 할 수 있다. 적극적인 공감은 자연스럽게 치유가 일어나는 환경을 마련해 준다.

사실 생생한 슬픔의 고통 가운데 들어서서 증인이 되는 것은 쉽게 감당할 수 있는 일이 아니다. 실제로 당신이 다른 사람의 경험에 완전히 들어가서 그가 당신의 동반을 느낀다는 것은 가장 높은 수준의 감정적, 영적 품위의 구현이기 때문이다. 애도자의 절망의 공간에 들어서려면 우리는 자신의 슬픔을 되돌아보고 먼저 마음이 변해야 한다.

어떤 사람들은 오직 지성적인 관점으로만 생각한다. 어떻게 문제를 해결해야 하는지, 어떻게 헤쳐 나와야 하는지, 어떻게 이득이 되는 것을 파악하고 잡을 수 있는지 등을 아는 것이다. 하지만 지성의 기능은 충분한 용기, 사랑, 우정, 긍휼, 공감 없이는 불가능하다.

― 딘 쿤츠
Dean Koontz

자신의 일을
먼저 실행하기

    공감의 지지대는 우리가 슬픔의 여정에서 마주했던 감정의 단편들에서 서서히 발전된다. 당신이 특별한 감정을 느끼지 못했거나, 감정을 다시 마주하는 것이 어렵거나 꺼려진다면, 다른 사람과 함께할 수 있는 능력에 제한을 받는다. 당신은 상실을 '당신'이 아닌 '그'에게 일어난 어떤 사건으로 볼지 모른다. 그렇게 된다면 당신은 열린 마음으로 자비롭게 함께할 수 있는 능력을 잃어버릴 것이다. 그의 처절한 몸부림에 공감하려는 시도는 감정을 끌어안기에 역부족이어서 진정으로 공감할 수 없을 것이다.

    이런 이유로 슬픔에 빠진 사람들의 몸부림에 증인이 된다는 것은 힘든 사역이다. 당신은 영혼을 바탕으로 한 감정 영역에서 자신을 깊이 이해하기 위해 먼저 당신의 작업을 해야 한다. 진정한 감정을 경험할 때 그 감정이 어떤 느낌인지 알 수 있다. 진실하게 자신의 감정을 만났을 때, 당신은 다른 사람이 느끼는 슬픔의 감정을 이해할 수 있는 영혼 깊은 곳에 닻을 내리게 된다. 당신이 그곳에 있어봤기 때문에, 삶을 지속해야 할 이유를 찾고, 세계관을 재정립하고, 삶의 의미를 찾는 다른 사람의 몸부림 안에 들어설 수 있는 것이다.

    그러므로 슬픔에 무너져 내린 사람의 광야에 함께하기 위해서는 우리 자신의 무너진 감정을 받아들여야 한다. 이는 감정을 다스리는 것이 아니라, 감정이 흐르도록 두는 것이다. 그럴 때 우리는 '자애로운 동반'이라는 가치 있는 선물을 줄 수 있다.

긍휼을 표현하기

슬픔의 고통 가운데 증인이 된다는 것은 긍휼을 품는다는 것과 같은 말이다. 긍휼(Compassion)의 어원은 '*cum pation*'이다. 이는 '고통에 함께하기', '함께 견디기', '연대감 갖기' 등의 의미를 지닌다. 긍휼은 공통적인 인간성, 동질감, 가족적 경험을 포함한다. 긍휼이라는 단어는 그간 애도상담의 주요 흐름에서 배제되었다. 하지만 이는 사별자들에게 필요하고 가치 있으며 본질적인 것이다. 그러므로 이 책의 주제는 긍휼의 장애물을 제거하는 철학적 행동으로 슬픔을 치유하는 것이다. 공감이 슬퍼하는 사람의 '감정을 함께' 느끼는 것이라면, 긍휼은 슬퍼하는 사람을 '위한 감

> 만일 우리가 시민으로서, 인간으로서, 개인으로서 증언하지 못한다면, 우리가 누려야 할 삶의 권리는 포기 당한다. 사실을 말하는 대신 침묵만이 자리한다.
>
> ─ 제인 룰
> Jane Rule

정'에 관한 것이다.

다른 사람의 고통에 증인이 되어 적극적으로 긍휼을 표현하는 것은 특별한 사람만 할 수 있는 일이 아니다. 누구나 긍휼을 표현할 수 있다. 대학 졸업자나 자격증을 소지한 상담사만 할 수 있는 일이 아니다. 당신에게 필요한 것은 오직 자비로 가득 찬 마음과 영혼을 사랑하는 마음이다.

증인이 된다는 것은
감정 세계와 관련된다는 의미이다

슬픔의 고통을 증언하는 것은 외부 경험보다 내부 경험에 담긴 의미를 이해하려는 노력이다. 적극적인 공감은 돌봄자가 탐색 과정에 주의 깊게 참여하는 것을 의미한다. 동반은 슬퍼하는 사람의 영혼, 즉 생명력이 어떤지 이해하려고 노력하는 것이다.

공감적 반응은 표면적인 것을 넘어서서 슬퍼하는 사람의 감정 세계에 밀접히 들어서야 한다. 하지만 다른 사람이 경험하는 것을 직접 경험한 것처럼 지나치게 감정이입하거나 투사하는 것은 도움이 되지 않는다. 대신 다른 사람의 역할을 수행하는 '마치 ~처럼'이라는 자세를 유지해야 한다. 여기에는 관찰이 필요하다. 그의 내면의 독특함은 무엇인가? 그 사람의 경험이 그에게 왜 특별한가? 그는 무엇을 표현하려고 애쓰는가? 하지만 언어로 표현되지 못하는 것은 무엇인가?

이렇게 공감적인 '증인이 되는' 과정은 감정이입(Sympathy), 동일시(Identification)와 뚜렷한 차이가 있다. 감정이입은 누군가에게 관심을 표하는 것이다. 그와 밀접한 관계를 맺거나 반드시 도움을 주는 관계는 아니다. "참 안쓰럽다." 정도의 태도에서 나온 것으로 실제 사별자가 느끼는 감정과는 상관없이 자신이 느끼는 측은함에 대한 표현이므로 진정한 공감이라 말할 수 없다. 감정이입보다 더욱 해로운 것은 동일시다. 자신의 감정에 빠져 스스로가 경험했던 감정을 표현하려는 태도이다. "나는 당신이 어떻게 느끼는지 잘 안다." 하며 지레짐작하는 사람들이 있다. 지나치게 동일시하는 사람 곁에서 안전하다고 느끼는 사별자는 없을 것이다.

> 드넓은 하늘을 지나는 구름처럼, 마음의 본질에서 마음속에 든 것들, 비전과 소리, 생각을 보라. 존재의 근원은 공허함, 명확함, 인식에 있다. 태어나지 않은, 때 묻지 않은, 흠 없는 순수함.
>
> 알렉스 그레이
> Alex Grey

증인이 된다는 것은
'당신이 어떻게 느끼는지 잘 안다.'
라는 마음에서 벗어나는 것이다

사별자가 당신이 이해한다고 느낄 때, 우리는 적극적 공감의 장소에서 증인이 된 것을 경험할 수 있다. 하지만 "당신이 어떻게 느끼는지 이해한다." 하는 정도로는 부족하다. 동반자로서 당신이 사별자의 감정 수준에 맞게 응답할 때 공감이 전해진다. "잊어라." 혹은 "이제 일어서야지."라는 말을 하지 않고 아무런 판단 없이, 사별자가 서 있는 그 자리에 주의를 기울여야 한다. 신뢰할 만한 공감은 사별자를 편안하게 하고, 마음을 열고 마음 깊은 곳으로부터 애도할 수 있게 돕는다.

증인이 된다는 것은
바로잡으려는 노력이 아니다

잘 모른다는 마음으로 애도자에게 배우면, 무언가를 바로잡을 필요성을 덜 느끼게 된다. 배우려고 마음먹을 때, 사람들을 어디론가 이끌어야 한다는 마음의 짐에서 자유로워진다. 달리 말하면, 결과에 집착하지 않게 된다.

이러한 태도의 역설적인 면은 더 많이 가르침을 받고 사별자의 인도를 따를수록, 상실의 통합이 더 많이 일어난다는 것이다. 이것은 내가 경험한 굉장한 진실이며, 내 생애에서 발견한 귀한 선물 중 하나이다.

증인이 된다는 것은
상실의 감정을 감싸주는 것이다

관찰한 바에 따르면, 애도하는 사람을 도우려는 사람들 중에 사별자가 느끼는 슬픔, 외로움, 불안함, 상처받은 감정을 말하도록 이끌어주거나 감싸주는 것을 주저하는 이들이 있다. 때로는 두려워한다. 그러한 감정 표현이 좋지 않다고 생각하거나, 감정을 드러내는 것이 문제를 더 심각하게 만들까봐 두려워한다. 하지만 주저함은 애도자에게 진정한 정서적-영적 수준에서 응답하는 것을 방해하는 것으로, 돌보는 사람 자신을 위한 방어와 자기보호의 한 형태이다.

감정이 위협받는다고 해서 우리가 동반자로서 애도하는 사람의 감정 표현을 권하지 말아야 한다는 의미는 아니다. 우리는 애도자가 감당하지 못할까봐 두려워하며 그가 느끼는 감정을 피해서는 안 된다. 그는 언제든지 감당한다. 문제는 당신이 긍휼의 마음으로 그의 경험을 지지할 건지 아니면 혼자 고립된 상태에서 지지할 건지의 여부이다. 이 말을 재구성해 보면 다음과 같다. "우리는 돌봄자로서 우리가 감당하지 못할 것 같은 두려움 때문에 애도하는 사람의 은밀한 감정을 회피하지 말아야 한다."

판단하지 않고
증인이 되는 것의 유익

증인이 되면서 적극적으로 공감을 전하는 능력은 애도자에게 수많은 유익을 준다. 그중 몇 가지는 다음과 같다.

- 공감적 의사소통은 애도자와 동반적 증인 관계를 확립하는 기반이 된다.
- 판단 받지 않고 공감적으로 감정을 이해받는 애도자는 마음속 깊은 것을 서슴없이 나누고, 영혼의 슬픔과 만날 가능성이 크다.
- 당신의 진정한 노력과 이해하기 위한 헌신을 애도자가 경험하면 신뢰가 쌓이고, 자기를 보호하거나 고립할 필요가 없는 안전한 환경이 조성된다.
- 공감적 의사소통은 애도자의 자기탐색을 장려한다. 이는 긍휼한 자기이해와 화해를 향한 움직임(속도에 대한 보상은 없다)의 전제 조건이다.

슬픔에 빠진 사람을 지지하는 방법과 관련된 태도를 선택하는 것은 때로 동기, 필요와 관련 있다. '당신의 슬픔을 가르쳐주면 아무것도 판단하지 않고 당신과 함께하겠다.'라고 증인의 태도를 취하는 것은 때로 숙련된 '전문가'의 위치를 포기하는 것을 의미한다. 그러나 나는 자아에 바탕을 둔 정체성의 일부를 포기하거나 놓아줌으로써, 타고난 내면의 긍휼을 발견할 수 있다고 생각한다.

06

동반하기는
곁에서 나란히
걷는 것이다.

앞장서지 않는다.

"우리의 정체성을 나타내는 익숙한 방식들
-의사와 환자, '돕는 자'와 '도움을 받는 자'-은
우리가 돌보고자 하는 본능을
표현하는 데 최대 걸림돌이다.
그러한 방식들은 우리가 서로에게
제공할 수 있는 최대한의 역량을 제한한다. …
인간에 대한 진정한 사랑은 연합에서 온다."

람 다스
Ram Dass

나는 슬퍼하는 사람들에게 자애로운 지지를 제공하는 데 가장 큰 장애물은 전문성을 기준으로 '우리'와 '그들'을 구별하려 드는 생각이라고 믿는다. 이렇게 구별하려는 방식에 힘쓴다면, 결국 돕는 관계에서 거리만 생길 뿐이다. 당신이 누군가가 경험하는 슬픔에 대해 우월한 지식을 가졌다고 생각한다면, 애도자는 그저 도움을 받는 수동적인 역할에 머물 것이다.

슬픔 치유 사역을 통해 발견한 것은 진정한 치유는 '전문적 상담가'가 아니라 애도자에게 달려 있다는 것이다. 진정한 긍휼은 스스로를 애도자의 여정을 이끄는 전문가가 아니라, 여행에 함께하는 동반자로 여길 때 서서히 발휘된다. 당신이 애도자와 나란히 걷고 그에게 배울 때, 당신은 동등한 협력 관계에서 오는 진정한 은총을 경험할 것이다.

당신은 자신을 '거울 들어주는 사람'으로 생각할 수도 있다. 당신은 애도의 동반자이므로 어느 누구도 치유하지 못한다. 다만 당신은 거울을 비추어 사람들이 스스로 치유하게 도울 수 있다. 애도자들은 자세히 거울을 바라보면서, 마음과 영혼에 바탕을 둔 변화를 경험하게 된다.

이러한 특성 때문에 동반자는 슬픔을 겪는 사람과 나란히 걸을 수 있다. 좋은 동반자는 항상 마음을 넓게 열고 진정한 전문가인 애도자에게 배우려고 한다. 만일 당신의 마음이 우연히 닫히더라도, 다음에서 논의할 내용들이 당신의 마음을 여는 데 도움이 될 것이다.

이러한 원리는 다음과 같은 질문에서 시작된다. "판단이나 고립, 버려짐에 대한 두려움 없이 애도자가 자신이 느끼는 슬픔을 자유롭게 표현할 수 있는 안전한 환경을 제공하는 관계가 되려면 어떻게 해야 할까?" 다음에 제시하는 특성들은 당신이 애도자와 나란히 걸을 수 있는 방법을 간략하게 알려준다. 공감(Empathy)은 5장을 참조하라.

존중 Respect

이 중요한 특성은 애도자를 소유하지 않으려는 돌봄의 자세이다. 애도자는 내면에 스스로를 치유할 수 있는 능력을 지닌 구별된 존재라는 확신과 관계있다. 존중은 깊은 슬픔에 잠긴 애도자의 경험을 배우고 받아들이려는 태도이다. 이러한 관계와 반대되는 것은 선입견을 가지고 자신은 애도에 관한 우월한 지식을 가졌으며 사별자가 생각하고 느끼는 것을 가장 잘 안다고 착각하는 돌봄자의 모습일 것이다.

민감함과 따뜻함 Sensitivity and Warmth

동반에서 민감함과 따뜻함은 전문가라는 거리감과 대조적으로 애도자와의 개인적 친밀감을 통해 입증된다. 자기 자신이나 다른 사람의 고통과 거리를 두면서 전문가처럼 행동하는 것은 스스로를 곤경에 빠뜨리는 지름길이다. 어떤 상담가들은 전문적으로 내담자와의 거리를 유지하고 냉담하고 중립적인 인상을 주려고 훈련을 받는다. "사람들은 당신이 얼마나 관심을 가지고 있는지 알 때까지, 당신이 얼마나 많이 알고 있는지는 상관하지 않는다."는 말에 진실이 있다. 민감함과 따뜻함은 아무런 판단 없이 애도자의 필요에 응답하는 능력과 인내를 포함한다.

진솔함 Genuineness

동반자는 자기 자신의 모습을 있는 그대로 보여야 한다. 거짓이 없어야 하며 방어적이어서는 안 된다. 말과 행동은 내면의 감정과 일치해야 한다. 진솔함은 상호 간의 교제를 풍성하게 한다. 사별자는 당신의 진솔함을 느낄 때 자신의 마음에 있는 것을 진정으로 표현할 수 있다.

신뢰 Trust

신뢰는 일관성과 안전감에 관한 것이다. 슬퍼하는 사람은 흔히 사랑하는 이의 죽음을 겪으며 세상을 신뢰하는 데 어려움을 느낀다. 때로 그들은 다시 신뢰하는 것 혹은 사랑하는 것의 위험을 감수해야 하는지 궁금해한다. 동반자로서 당신은 애도자가 지속적으로 안전감을 느낄 수 있게 마땅히 도와야 한다. 두 사람 사이에 신뢰가 형성될 때, 에너지의 교감을 느끼게 된다. 반대로 신뢰가 부족하거나 없다면 에너지의 교감도 없으며 아무 일도 일어나지 않는다.

즉시성 Immediacy

이 특성은 애도자의 현재에 머무르는 '지금 여기'의 경험과 관계있다. 그것은 말하고 있는 것의 내용을 넘어 순간순간 일어나는 일의 과정에까지 이른다. 자신의 역할을 잘 수행하는 동반자는 높은 수준의 즉시성을 가지고 있다. 애도자의 요구가 바로 여기 현재 순간에 있을 때, 즉시성은 당신이 공감적으로 그러한 요구에 응하도록 돕는다. 현재의 순간은 영혼의 욕구가 머무는 자리이며, 애도 작업은 영혼의 작업과 밀접한 관련이 있다.

겸손 Humility

겸손은 실수에서 기꺼이 배우고자 하는 것, 장점과 한계를 인정할 줄 아는 것을 의미한다. 또한 겸손은 자신의 상실 경험이 사별자를 대하는 당신의 현존에 어떤 영향을 미치는지 지속적으로 인식하는 것이다. 겸손한 돌봄자들은 스스로에게 다음과 같은 질문을 던진다. "애도자의 슬픈 경험을 공유함으로써 나는 어떤 영향을 받는가?" "애도자의 상실 경험이 내가 겪었던 상실 경험을 떠올리게 하는가?" "내가 지지하는 애도자가 나를 자극한 감정은 어디서 나눠야 하는가?" 겸손은 전문가라는 생각에서 벗어나, 새로운 동반관계가 현재 이 순간에 말하는 것을 배우려고 마음을 여는 것이다. 또한 겸손은 진심으로 다른 사람들을 돌보고 싶어하는 윤리적인 측면과 연관 있는데 이때 당신은 책임자가 아니라는 사실을 알아야 한다. 당신은 동반의 원리(치료의 반대 개념)에 자신을 맡기고, 애도라는 신비스러운 여정에 당신의 영혼을 열어놓아야 한다.

인내 Patience

인내하며 애도자와 함께한다는 것은 애도자가 자신만의 방식과 시간에 맞춰 편안한 속도로 애도할 수 있게 놓아두는 것이다. 당신이 애도하는 사람과 나눴던 가장 깊은 대화는 침묵과 외로움의 시간에서 나왔을 것이다. 인내한다는 것은 신뢰를 쌓는 것이고, 당신이 증인이 되고 특별한 경험에서 배우기 위해 거기에 함께한다는 것을 애도자에게 인식시키는 것이다.

인내는 특성상 매우 조용하며, 겸손하다. 보이지 않고 말하지 않은 것들이 서서히 드러날 때까지 기다리는 능력이다. 또한 인내는 정신의 고요함, 즉 당신이 애도자의 현재에 함께 머물고 그의 곁에 서 있을 것이라는 깊은 내적 인식을 의미한다.

희망 Hope

희망이라는 특성이 없으면 진정한 동반은 이루어지지 않는다. 왜냐하면 당신이 슬퍼하는 사람을 치유할 수 있고, 치유할 것이라는 믿음 혹은 '다시 온전해질 수 있을 것'이라는 내적 신념은 바로 희망을 가질 때 가능하기 때문이다.

희망은 아직 이루어지지 않은 것에 대한 선한 기대이다. 이는 현재 가능성이 살아 있음을 표현하는 것이다. 당신의 마음속에 희망을 품고 돌봄 관계라는 상황 안에서 수용하고, 인정하고, 확신하고, 고마워함으로써 애도자에게 희망을 심어줄 수 있다. 희망은 에너지를 모으고 애도에 적극 참여할 용기를 불어넣어 준다.

유머 Humor

비록 슬픔의 한 가운데일지라도 유머러스한 순간이 있다. 고통 가운데서 웃으면 기분이 한결 가벼워진다. 지나칠 정도로 진지하게 앉아 있는 것은 자연의 법칙에 어긋난다.

마음 Heart

'마음'을 가졌다는 말은 슬퍼하는 사람들과 동반할 때 당신의 감정, 인간성, 그리고 연약함에 대해 진실한 것이다. 당신이 마음으로부터 일할 때 당신의 역할을 온전히 수행할 수 있다. 분석적이고 사고하는 자아가 지배하면, 당신은 머리에 갇힐 수 있다. 그런데 슬픔을 온전히 통합시키는 중심 요소는 머리가 아니라 마음이다. 동반은 당신이 스스로를 편안하게 하고 긍휼한 마음으로 모든 노력을 기울일 때 자연스럽게 일어난다.

이를 통해 슬픔에 빠진 사람들을 돕고자 하는 개인적인 열정을 다할 수 있을 뿐만 아니라 모든 사람이 좋은 애도 과정을 겪음으로써 잘 살고 사랑하는 데 기여하고자 하는 가장 큰 목적을 이룰 수 있다. 당신이 마음으로부터 섬길 때, 당신은 신성(Divine), 자신, 그리고 다른 사람들과 깊이 연결된다. 당신은 혼자가 아니라 다른 동반자들과의 동반관계 안에서 일하는 것이다.

열 가지 특성을 살펴보면서 자신의 강점이나 약점을 떠올렸다면 이제는 모두 잊어도 좋다. 나중에 돌봄 관계에서 이러한 특성 중 한두 가지를 잊었거나 필요한 특성을 찾아보고 싶을 때, 다시 이 장으로 돌아오면 된다. 동반 관계를 이어가는 것이 어렵다면, 여기서 소개한 열 가지 특성 가운데 몇 가지를 잠시 잊어서임을 알게 될 것이다.

07

동반하기는
거룩한 침묵이 주는
선물을
발견하는 것이다.

매 순간을
말로 채우지 않는다.

"침묵보다 낫지 않으면
말하지 마라."

불교의 가르침

거룩한 침묵의 선물을 발견함으로써, 당신은 애도자가 슬픔의 여정을 둘러싼 지혜에 마음을 열도록 길을 개척하게 된다. 당신이 차분하면, 열린 마음과 온화한 정신을 유지하게 된다.

당신의 관심을 애도자에게 집중하면, 당신은 자양분의 원천이 된다. 긍휼을 품고 오직 한 사람과의 동반에 집중하면 당신의 주의력을 흩트리는 숱한 방해물을 잠잠하게 하는 데 도움이 된다.

침묵의 선물

슬픔의 신비는 내게 홀로 지내는 침묵의 시기가 필요하다는 것을 가르쳐주었다. 애도하는 사람은 수도원에 은둔하거나 숲속 혹은 해변을 산책하기가 쉽지 않을 수도 있다. 하지만 그는 당신의 고요한 현존과 사랑의 정신에 닿을 수 있다. 의식적으로 침묵하고, 당신의

침묵은 소리의 부재가 아니라, 영혼에 호소하는 상처에 관심을 두는 것이다.

— 토머스 무어
Thomas Moore

시작을 도울 평온함을 신뢰하라. 당신의 '말'을 필요로 하지는 않지만 당신의 '영혼의 존재'를 소중히 여기는 다른 사람 곁에서 온전히 함께하라.

누군가의 슬픔에 조용히 함께하려면 당신의 에너지, 관심, 긍휼의 방향을 분별해야 한다. 당신은 침묵하면서, 슬픔의 여정 가운데 잠시 멈춰야 할 때와 천천히 움직여야 할 때, 내면의 깊음 가운데 들어가야 할 때를 판단할 수 있는 지혜를 얻는다. 애도하려는 본능을 존중하려면, 우리는 돌봄자로서 치유 여정에서 침묵을 소중히 여기고 중요하게 생각해야 한다.

침묵은 치유에서 상처와 고통이 차지하는 역할을 인정하고 존중할 것을 요청한다. 상처와 고통의 역할을 이해하지 못한다면, 우리는 침묵하지 못할 것이다. 서둘러 말하려고 하고, 의식적이든 무의식적이든 애도자를 위해 뭔가 해결해줘야 한다고 생각할 것이다. 이는 상한 마음의 회복을 위해 필요한 공간에 우리가 끼어들어 방해하는 것이다. 침묵의 치유력을 알게 되는 것은 참으로 소중한 선물이다.

슬픔의 증상과 침묵

나는 슬픔 때문에 겪는 많은 증상들이 침묵과 고독의 필요성을 생각해 보게 하려는 초대장임을 알게 됐다. 슬픔의 여정에서 많은 사람들은 상실에서 오는 혼란, 혼동, 탐색, 갈망으로 힘들어한다. 누군가의 표현처럼 애도 과정에서는 "동반자도 없고 목적지도 없는 외로운 여행자가 된 것 같다. 나는 자신뿐 아니라 그 누구도 찾을 수 없다." 그러므로 애도자에게는 침묵과 홀로 있는 시간이 필요하다.

슬픔의 다른 증상은 판단력 부족이다. 좋은 판단력이란 나와 내가 책임져야 할 사람들을 위해 가장 좋은 선택을 하는 능력이다. 많은 애도자들은 잠시 판단력이 흐려진다. 그러므로 애도자에게는 침묵과 홀로 있는 시간이 필요하다.

또 다른 증상은 균형감의 상실과 의미 찾기이다. 삶이 전보다 암울하게 느껴지는 건 당연하다. 삶이 일그러지고 균형을 잃은 느낌이다. 또 정답도 없는 무수한 질문들이 쏟아진다. "왜 내가 그토록 사랑하는 사람이 죽어야 하나요?" "왜 나는 계속 살아야 하나요?" 그러므로 애도자에게는 침묵과 홀로 있는 시간이 필요하다.

또 하나의 증상은 슬픔으로 무기력해지는

왜 하나님께서 인간에게 두 개의 귀와 하나의 입을 주셨는가? 그것은 말하는 것보다 듣기를 잘 하라는 것이다.
　　　　　Hasdai에서 인용

고통 받는 많은 사람들에게 가장 좋은 치료약은 침묵이다.
　　　　　　　　탈무드

것이다. 피로감은 애도자의 기력을 떨어뜨리고 혼자 있고 싶게 한다. 슬픔에 동반되는 무기력은 때로 지쳐 있는 상태 그 이상이다. 이는 몸의 면역력이 떨어지고, 슬퍼하는 사람이 반응할 수 있는 능력과 에너지를 상실했음을 나타낸다. 몸에는 그러한 지혜가 있다. 그러므로 애도자에게는 침묵과 홀로 있는 시간이 필요하다.

침묵은 동반적 관계로서, 광야 한가운데서 평안을 가져다주는 요소를 지녔다. 슬픔의 위력은 마음에 큰 짐을 안겨준다. 침묵은 애도자가 기운을 내고, 슬픔에 집중할 수 있는 공간을 창조하는 데 도움이 된다. 침묵하는 것은 에너지를 회복하는 데 도움이 되고, 변형된 슬픔의 여러 측면을 탐구할 용기를 불어넣는다.

침묵이 가르쳐주는 것

슬퍼하는 사람을 치료하는 대신 동반하겠다고 선택한 것은 침묵의 가치를 존중하는 방식을 선택한 것이다. 당신은 우선 경청의 중요성을 충분히 이해하게 된다. 애도자의 깊은 욕구를 파악하게 된다. 그의 독특함을 인정하게 된다. 그의 생명력을 받아들이고 희망을 당신의 고요한 영혼과 연결시키게 된다. 당신의 머리로 판단하고 싶은 본능을 잠재우고, 마음과의 연결을 유지하게 된다. 당신은 고요 속에 앉아 애도자에게 가르침을 받으려는 열망을 찾는 동안 자신의 감정을 느끼게 된다. 당신은 자신이 섬기는 영혼의 연약함을 인식하여 사려 깊고 긍휼한 마음으로 응답하게 된다.

침묵 속에서 사람들과 함께 앉아 있는 사람으로서, 당신은 깊은 슬픔이 말로 표현할 수 없는 신비임을 알게 된다. 당신이 소중한 아이의 죽음을 겪은 부모와 무덤가에 서 있다면 아무 말도 필요 없다. 당신이 비극적인 자동차 사고로 어머니를 잃은 아이를 어루만지려고 몸을 숙인다면 아무 말도 필요 없다. 상실의 슬픔은 깊은 생각에 잠겨 있는 침묵이다. 다시 강조하자면 삶과 죽음에 대한 깊은 이해는 말로 표현될 수 없다는 인식이 당신을 겸손하게 한다.

08

동반하기는
고요함을
유지하는 것이다.

앞으로 나아가기 위해
서두르며 움직이지 않는다.

"모든 일은 제때에
알맞게 찾아온다."

에니드 배그놀드
Enid Bagnold

사람들은 슬픔을 겪는 사람들에게 고요함과는 상반되는 메시지를 건넨다. "하던 일 계속 하세요." "기운 내세요." "바쁘게 지내세요." 하지만 많은 애도자들이 앞으로 나아가기 위해 서두르다가 오히려 길을 잃곤 한다.

동반자로서 애도자와 고요히 함께할 수 있는 능력은 그가 고요한 지혜의 낮은 목소리에 귀 기울일 수 있게 돕는다. 라이너 마리아 릴케(Rainer Maria Rilke)가 말했듯이 "모든 것은 잉태 기간을 거치고 나온다." 고요함을 존중한다는 것은 애도자가 애도의 여정에서 쉴 수 있게 돕는 것이다.

고요의 시간은 심리적 욕구가 아니라 영적인 필요성에 바탕을 둔다. 고요함이 부족하면 혼란이 가중되고, 방향감각을 잃게 되며, 정신이 쇠약해진다. 만일 애도자가 고요함 가운데서 쉬지 못한다면, 그는 슬픔의 광야에서 벗어날 길을 찾지 못할 것이다. 고요함은 영혼의 작업에서 정신의 작업을 향해 움직이게 한다. 즉 생명력을 회복시킨다.

고요라는 성역 안에서, 은혜와 지혜가 충

> 인생에는 서두르는 것 말고도 더 많은 것이 있다.
> — 간디
> Gandhi

만한 분별력이 생긴다. 그러므로 돌봄자로서 내가 외우는 주문 가운데 하나는 이것이다. "천천히 가라. 빠르다고 상 주는 것 아니다." 슬픔은 우리가 고요의 조용한 위력을 존중할 때 비로소 변화한다.

고요함
없이

고요함이 없다면, 사별자는 애도 작업에 들어서는 데 필요한 에너지를 만들 수 없다. 그들이 고요함 속에 괴로워하며 앉아 있을 때, 당신은 그들이 슬픔에 목소리를 내도록 당신 자신을 열어 놓을 수 있다. 오직 고요함에서 나오는 통찰력과 지혜로 온전히 함께하게 된다. 이는 마치 고요함이 머리에서 마음으로 부드럽게 정착하도록 초대하는 것과 같다.

고요함이 없다면, 애도자는 결국 슬픔을 새로운 의미와 목적으로 전환하게 하는 기반을 잃는 것이다. 애도자는 슬픔이라는 강력한 본성을 온전히 만나기 위해 고요함이 필요하다. 고요 속에서 슬픔을 존중하고 앞서 간 사람들의 지혜를 구하는 데 영감을 얻는다.

관찰한 바에 따르면, 슬픔의 통합은 앞으로 나아가기 위해 서두른다고 해서 이루어지는 것이 아니라 고요함에서 비롯된다. 뭔가 일어나게 해보려는 기술의 사용을 거부함으로써, 거룩한 공간이 생기고 신적 움직임이 시작된다. 우리가 슬픔을 관리하던 것을 멈출 때, 은총, 지혜, 사랑, 진실이 찾아온다.

고요함을 존중하는 슬픔의 동반자로서, 당신은 영적인 힘이 점점 노력보다는 휴식과 궁극적인 회복을 권한다는 것을 알게 된다. 의식적으로 앞으로 나아가려 하거나, 잊어버리려고 하면 역효과가 난다. 앞으로 나아가겠다며 정신없이 지내는 것은 이미 슬픔으로 영양실조 상태인 영혼을 더 고갈시킨다. 사람의 영혼은 고요함을 통해 서서히 회복된다.

> 침묵의 리듬은 만족과 평화의 스승이다.
> ― 가브리엘 로스
> Gabriella Roth

> 과거의 상처는 '하던 것 계속 해' 하며 정신없이 지내기보다 반드시 치료해야 한다.
> ― 오리아 마운틴 드리머
> Oriah Mountain Dreamer

고요함과 고통

당신은 동반자로서 고통, 괴로움과 관련된 고요함의 중요성에 마음을 집중해야 한다. 만일 당신이 치유에서 고통의 역할과 그 가치를 인식하지 못한다면, 슬픔에 처한 사람들과 고요히 함께하는 것은 사실상 불가능하다.

만일 당신이 슬픔의 고통을 불필요하거나 부적절하다고 여긴다면, 당신은 고요함 가운데 머물기를 주저할 것이다. 고요함 안에서는 슬픔의 본질, 상실의 생생한 감정, 그리고 깊은 슬픔과 마주하게 된다. 때로 당신은 동반하는 사람에게서 영혼의 어두운 밤, 곧 계속 살려는 욕구에 의문을 제기하는 심오한 영적 박탈감을 마주할 것이다.

  우리는 궁극적으로 상처를 치료하기 위해 고요함 가운데 머물러야 한다. 그런데 그 사실을 인지하지 못한다면 불안과 두려운 마음이 들 것이다. 거기서 무엇을 발견할지 모른다는 두려움에 당신은 본능적으로 고요함을 밀어내고, 수많은 감정의 깊이를 피하기 위한 기술들을 사용해 당신과 애도자를 바쁘게 할 것이다. 고요 속에서 멈추어 들어야 당신은 슬픔이 불러온 애도자의 빈 마음을 느끼고 들을 수 있다.

  반대로 고통과 괴로움이 치유 여정의 일부라는 현실을 인정한다면, 당신은 고요함 가운데 거할 수 있다. 고통을 서둘러 해결해야 한다는 마음에서 한 걸음 물러설 수 있다. 어둠 속에서 결국 빛이 올 것임을 신뢰하고 감사할 수 있다. 당신은 고요함에 대한 존중에서 오는 근원적인 힘과 지혜를 보게 될 것이다. 당신은 고요함 가운데서 애도자가 발견하는 것, 곧 진정한 애도가 날마다 충만하게 사는 복을 불러온다는 것을 알게 될 것이다.

09

동반하기는
혼란과 혼동을
그대로 존중하는 것이다.

질서와 논리를
억지로 강요하지 않는다.

"우리는 혼란의 힘에 맞서
몸부림치는 대신에,
그것을 마주하고
마음을 편안히 할 수 있다."

페마 쵸드론
Pema Chodron

사랑하는 사람의 죽음은 애도자의 삶에 중대한 변화를 가져온다. 어떤 종류의 변화는 혼란과 혼동에서 시작된다. 동반하는 것은 혼란과 혼동을 이해하거나 해결하고, 상황을 더 좋게 만들려는 노력이 아니다.

> 깊은 고통이 영혼을 인간답게 만든다.
> ㅡ 윌리엄 워즈워스
> William Wordsworth

동반자에게 주어진 과제는 방향을 잃었더라도 자연스러운 전개 과정이 방향을 바꾸어 줄 것이라고 믿는 것이다. 영혼의 문제와 관련하여 애도자는 최종적으로 이성적인 차원에 들어서야 한다. 하지만 혼란과 혼동의 시기를 지날 때 애도자에게는 마음으로 함께할 동반자가 필요하다. 당신이 혼란과 혼동을 빨리 효과적으로 해결하려는 마음에서 벗어난다면, 당신은 애도자가 스스로에게 긍휼을 베풀도록 도울 수 있다. 또한 애도의 여정에서 나타나는 일반적인 증상을 없애고 싶은 마음이 들지 않게 도울 수 있다.

슬픔의 혼란

혼란과 혼동은 기다리는 시간이자 마비된 시간이고, 죽음 이전의 방식으로 세상이 이해되지 않는 시간이다. 애도자는 불안, 흥분, 조급, 지속되는 혼동을 겪을 수 있다. 일을 수행하는 데 어려움을 겪기도 한다. 애도자는 종종 건망증을 경험하고 일상의 즐거움을 느끼지 못할 수도 있다.

애도자는 죽은 사람을 끊임없이 찾을 수도 있다. 그리움과 갈망으로 감정을 소진해 버리고 무기력해진다. 이는 애도자가 혼란과 혼돈을 겪을 때 나타나는데, 돌봄이 필요한 증상들 중 일부일 뿐이다.

불행하게도 많은 애도자들이 혼란과 혼동 가운데 자신을 내맡기고 안심하는 것을 어려워한다. 우리는 어떤 종류의 혼란과 혼동이라도 무의식에 가두고 부정할 것을 권하는 사회에 살고 있다. 또한 억지로 질서와 논리를 강요한다. 마치 이런 메시지를 듣는 것 같다.

나는 완벽한 결말을 원했다. 하지만 시의 일부는 운율이 없으며, 이야기는 시작, 중간, 끝이 명확하지 않다는 것을 배웠다. 인생은 앎에 대한 것이 아니다. 변화를 받아들이고, 다음에 일어날 일을 알지 못한 채, 순간을 포착하고, 최대한 활용하는 것이다. 즐거운 모호함이다.
길다 래드너
Gilda Radner

"당신은 자신을 추스르고 삶을 지속해야 한다. 마음이 동요되면 어떤 변화도 일으킬 수 없다." 그 결과, 많은 사람들이 남몰래 애도하거나 질서와 논리를 포함한 다양한 방법을 통해 자신의 슬픔에서 도망치려고 한다.

슬픔을 바로잡기 위한
논리의 사용

사람들은 슬픔이 주는 혼란함에서 벗어나기 위해 억제, 부인, 도피 등 수많은 방법을 선택한다. 여기서 논의하려는 방법은 질서와 논리를 사용해 슬픔을 극복하려 하는 최소화/이지화이다. 이런 방식을 사용하는 사람들은 대개 혼란과 혼동에 예민하다. 그러한 감정을 느낄 때, 그들은 다양한 합리화를 통해 이를 희석시켜 감정을 최소화하고자 한다.

이러한 사람들은 흔히 상실에 큰 영향을 받지 않았다는 것을 스스로 증명하고 싶어 한다. 그래서 자신이 얼마가 잘 지내는지 혹은 자신이 일상생활에 어떻게 복귀했는지 이야기하곤 한다. 인식적 차원에서 보면, 그의 논리는 잘 작동하는 것처럼 보이고 사회가 요구하는 '슬픔을 극복하라.'라는 메시지를 확실히 잘 따른다. 하지만 내적으로는 억눌린 슬픔의 감정이 쌓이고 감정적이고 영적인 긴장(영혼의 증상)이 나타난다.

이러한 사람들은 때로 (애도 회피 문화가 초래한 무의식적 오염 때문에)

> 우리가 가장 불편하거나 불행하거나 만족하지 않을 때가 실은 가장 좋은 순간일 수 있다. 불편을 겪는 순간 우리는 틀에 박힌 방법에서 한 걸음 물러나서, 다른 방법이나 더 정확한 답을 찾기 시작할 것이다.
> 스콧 펙
> M. Scott Peck

슬픔이란 느끼는 것이 아니라 생각하는 것이라고 믿는다. 이는 생각에서 나온 말의 표현이 진정한 감정 표현을 대신하려 하는 전형적인 지적 과정(이지화)이다. 혼란과 혼동은 스스로를 통제하고 싶은 지적 합리주의자들에게 위협이 된다. 그들은 자신의 믿음을 공유하고 혼란과 혼동을 극복하기 위한 기술을 사용하는 숙련된 상담가를 찾으려 할지 모른다.

유감이지만 이런 사람들이 슬픔의 감정을 극복했다고 확신하기 위해 노력하면 할수록 그들은 감정적, 영적 표현에 어려움을 보인다.

경험상 애도자가 논리적이고 질서 정연한 자세를 유지하려고 하면 자신의 깊은 감정을 느끼고 표현하는 데 문제가 생긴다. 어떤 사람들은 자기를 통제하고 싶은 욕구 때문에 힘들어하고, 또 다른 사람들은 고통과 절망을 동반한 혼란과 혼동을 견디지 못하는데, 어떤 사람들은 감정을 표현할 수 있도록 도와주는 지원 시스템이 부족해서일 수도 있다.

애도자는 슬픔에 동반되는 혼란과 혼동에 압도당할 수 있다. 방향을 상실했을 때, 그의 모든 것이 멈추길 원할지도 모른다. 이 과정에서 그는 자신에게 꼭 필요한 것을 떨쳐버리고 싶은 유혹에 빠질 수 있다. 그는 혼란과 혼동을 자신의 적으로 여길지 모른다.

다른 한편으로 동반자인 당신은 혼란과 혼동이 적이 아니며, 이러한 증상은 슬픔으로 마음이 찢어졌기 때문임을 알고 있다. 혼란은 애도자에게 상실에 열려 있어야 함을 상기시키는 일종의 생체제어 메커니즘이다. 그렇다면 이쯤에서 이렇게 질문할 수 있다. "그는 어떻게 혼란과 혼동의 주인 노릇을 할 것인가? 그는 질서와 논리를 통해 혼란과 혼동에서 벗어나려고 할 것인가, 아니면 인내하고 자기를 돌보고, 자애로운 동반자에게 도움을 구할 것인가?"

많은 사람들이 "슬픔은 얼마나 오래 지속될 것인가?" 하는 질문에 집중하는 이유 중 하나는 우리 사회가 슬픔에 조급함을 드러내기 때문이다. 이런 사회에서 슬픔을 계속 표현하는 사람들은 종종 '연약한', '정상이 아닌', '자기 연민에 빠진' 사람이라고 여겨진다. 슬픔이

> 당신의 마음 속 풀리지 않는 문제들을 인내로 대하라. 잠긴 방문이나 외국어로 쓰인 책처럼, 문제 자체를 사랑으로 대하라. 당장 답을 얻으려 하지 마라. 당신이 살아보지 않았기에 지금 당장 답이 주어질 수 없다. 중요한 건 모든 것을 경험하는 일이다. 질문에 대한 답을 직접 살아라. 아마 당신은 서서히, 자신도 모르는 사이, 먼 훗날 답 안에서 살고 있는 자신을 발견할 것이다.
> 라이너 마리아 릴케
> Rainer Maria Rilke

란 경험하는 대신 극복해야 할 어떤 것이라고 생각하기 때문이다.

　이러한 종류의 메시지는 사람들에게 혼란과 혼동에 맞서 질서와 논리의 합리적인, 기계적인 원칙을 선택하게 한다. 그래서 사람들은 눈물도 참고, 조용히 고통을 견디고, '강하게 보이는 것'을 존경할 만한 행동이라고 여긴다. 하지만 슬픔에 가장 도움이 되는 접근방식은 정면으로 마주하는 것이고, 특별한 요구를 필요로 하는 증상들의 가치를 존중하는 것이다.

침묵하는 애도자

　겉으로 애도를 표현하지 않으면 '침묵하는 애도자'가 된다. 지지적인 주변 사람들조차 이들의 마음을 알아볼 수 없다. 애도자가 슬픔을 비밀로 한다면 적극적인 도움을 지향하는 동반자적 노력이 더욱 중요해진다.

　우리 사회는 영혼의 증상인 혼란과 혼동으로 고통 받는 애도자들을 지지하는 일에 너무 자주 실패한다. 그들에게 합리성과 통제력을 갖추라고 강조하다 보면 애도자들은 사회 관계망에 다시 통합하는 일을 어려워하고 눈물, 두려움, 고통을 비밀에 부친다. 책임감 있는 반역자로서 나는 자애로운 동반의 필요성을 알지 못하고, 슬픔의 자연스러운 반응인 혼란과 혼동을 겪는 사람들을 지지하지 못하는 사회적 경향을 뒤바

꾸고자 한다. 이러한 노력에 동참해주기 바란다. 슬픔에 처한 사람들을 지지하는 것은 사랑에 관한 것이다. 이것을 논리로 따져서는 안 된다.

10

동반하기는
다른 사람들에게
배우는 것이다.

그들을 가르치려고
하지 않는다.

"해석이나 분석, 결론에
빠져들지 말고,
이야기를 들려주라."

토머스 무어
Thomas Moore

대학원에서 심리학을 전공할 때, 나는 평가, 진단, 치료의 의미를 배웠다. 크게 보면 나는 정신건강에 관련된 지식의 근간을 공부하고, 전문 직업으로서 전문가의 지위를 당연히 여기고, 사람들을 환자로서 치료해야 한다고 배웠다. 그렇다. 나는 정확한 진단을 내린다는 가정 아래 수많은 장애 진단 및 표준 중재 목록을 배웠다. 내가 '무의식적 오염'이라고 부르는 그것을 통해 치료에 책임을 다해야 한다고 믿었다. 시간이 흘러 경험을 통해 더 성숙해지면서 나는 이러한 돌봄 모델을 거부하게 되었다.

슬픔에 빠진 수많은 사람들과 함께 걸으면서 나는 책임감 있는 반역자로서의 역할을 받아들이게 되었다. 나는 정신건강 돌봄의 의학적인 모델들을 배웠다. 하지만 실제 경험을 쌓으면서 돌봄의 동반 모델을 선호하게 되었다. 들어가는 말에서 언급했듯이, 현대사회는 슬픔의 여정이 지닌 영적이고 영혼 충만한 본성에 대한 공감과 관심이 부족하다.

나는 박사과정에서의 배움을 뒤로 하고

> 치료자들은 고통을 겪는 낯선 사람들의 이야기를 조심스럽고 참을성 있게 들어주는 호스트들이다.
> ㅡ 헨리 나우웬
> Henri Nouwen

오늘의 동반자가 되었다. 동반자로서, 나는 슬픔이 오가닉이라 믿는다. 슬픔은 해가 지는 것처럼 자연스럽고 중력처럼 본질적이다. 슬픔은 복잡하지만 완벽하게 자연스럽고 필요한 감정 덩어리이다. 동반자들은 애도자를 치료하지 않는다. 대신 그들이 우리에게 가르쳐 줄 수 있는 환경을 조성한다. 우리의 사역은 과학이라기보다는 예술이며, 머리보다는 가슴에 더 가깝다. 사별자들은 우리의 환자가 아니라 우리의 동반자이다.

지지 그룹과 스토리

오늘날 북미 사람들은 슬픔 지지 그룹(grief support group)에서 이러한 종류의 교제를 찾고 있다. 이러한 프로그램의 가치는 확실히 경험적으로 뒷받침된 치료법에서 나오는 것이 아니라, 이야기 나눔처럼 훨씬 더 단순한(하지만 강력한) 것에서 나온다. 모임은 각

> 말하는 사람과 듣는 사람들에 의해 조심스럽게 선택되고 형성된 이야기들은 내면의 지평을 열어주고, 감추어진 내용, 전개된 이야기와 성찰 등 우리 삶의 의미를 드러낸다.
> 오리아 마운틴 드리머
> Oriah Mountain Dreamer

참가자들의 슬픔에 대한 이야기를 존중하고 진정으로 애도해야 할 서로의 필요를 지지해주는 데 중점을 둔다. 해석하거나 분석할 필요는 없다. 그룹에서는 참가자들이 용기 내서 상실이 남긴 생생한 상처를 표현하게 해준다. 이야기는 진실을 말하고, 희망과 치유를 만든다.

　이러한 그룹의 유능한 인도자들은 자신들이 그룹상담의 기술을 펼치는 역할이 아니라, '거룩한 공간'을 만들어 각 사람의 이야기가 편견 없이 받아들여지게 하는 것임을 인지하고 있다. 슬픔 지지 그룹의 겸손한 리더십은 알고 보면 참가자들이 자신의 상처를 표현할 수 있는 공간을 만드는 까다로운 역할이다. 그룹에서 비슷한 처지의 사람들과 유대 관계를 맺고 자신의 이야기를 하는 경험은 애도 회피 문화에서 수많은 사람들의 삶을 규정짓는 고립, 수치심과 서로 모순된다. 또한 사랑과 상실의 이야기는 시간과 인내, 애정이 필요하기 때문에, 그룹에서 서로 이야기하고 들어주는 것은 "잊어버려라." "훌훌 털고 일어서야지."라고 말하는 데만 몰두하는 현대사회에 강력한 해독제 역할을 한다.

　삶의 새로운 의미와 목적을 창조하기 위해서 애도자는 자신의 삶을 '다시 이야기'해야 한다. 그리고 분명한 사실은, 이를 가르치려는 사람이 아니라 공감하는 동반자들이 필요하다는 것이다. 토속 문화에서는 이야기를 존중하는 것이 한 사람의 경험을 다시 형성하는 데 도움이 된다는 것을 인정한다. 이야기는 한두 번 말하는 정도로는 재형성되지 않는다. 끊임없이 반복되는 과정이 필요하다. 애도자들에게는 자애로운 마음으로 이야기를 경청하고 그들의 마음을 확인시켜줄 사람이 필요하다. 그러기에 동반자로서 사람들의 이야기를 지지해주는 것은 그들의 이야기를 재형성하는 데 도움을 주는 특권을 누리는 것이다.

이 땅에 함께 사는 인간 동료로서 슬퍼하는 사람들의 이야기를 존중해주는 것에는 다음과 같은 많은 유익이 있다.

- 우리의 깨진 부분들이 통합을 이룰 수 있다.
- 기대하지 않았던 새로운 방식으로 우리가 누구인지 알게 된다.
- 우리의 과거를 탐색하고 우리의 기원과 미래의 방향에 대해 더 깊이 이해하게 된다.
- 우리의 세계관을 구체적으로 설명할 수 있고 우리 자신에 대해 이해할 수 있다.
- 우리가 경험하고 잃어버린 사랑이 지상에서 어떠한 영향을 미치는지 탐색할 수 있다.
- 이야기 없는 삶은 보기에는 좋지만 내용 없는 책과 같다는 사실을 발견할 수 있다.
- 우리는 용서를 구하게 되고 인간의 숙명 앞에 겸손해진다.
- 역경이 우리 삶의 의미와 목적을 풍성하게 만드는 것을 알게 된다.
- 우리는 내면을 여행할 수 있고 전에 이해하지 못하고 인식하지 못했던 것과 연결성을 발견할 수 있다.
- 우리는 과거가 현재와 어떻게 조화를 이루는지, 그리고 현재가 어떻게 과거를 소생시키는지를 인식할 수 있다.
- 치유 방법은 육체적인 영역뿐 아니라 감정과 영적 영역에도 있음을 발견

할 수 있다.
- 우리의 과거를 말이나 글로 표현된 경험으로 옮기다 보면 잘 살아왔다는 생각에 성취감을 느끼게 된다.
- 우리는 개개인의 독특한 이야기가 지닌 진정한 의미가 죽은 사람의 정신, 영혼, 그리고 삶의 진정한 가치를 되새기는 것임을 깨달을 수 있다.
- 우리는 고통과 고난이 이 세상에서 주어진 하루하루가 얼마나 소중한지를 깨닫는 데 도움이 된다는 것을 이해하게 된다.
- 우리는 시간과 공간의 지금 이 순간 안에서 진실을 발견할 수 있다.

우리 자신의 이야기 존중하기

애도자들은 본능적으로 누가 이야기를 경청하는지 아닌지를 느낄 수 있다. 그들은 흔히 열린 마음의 기색을 살피고, 수용적인 마음을 지닌 사람들에게 자신의 이야기를 서서히 표현할 것이다. 자신의 상실 이야기를 소중히 다룰 수 있는 능력은 마음을 열고 다른 사람들의 이야기와 관련짓게 해준다.

우리 자신과 다른 사람들의 이야기를 존중하려면 속도를 늦추고 내면으로 향하여 성스러운 공간을 만들어야 한다. 하지만 이야기하는 것의 가치에 대해 이해가 부족하고 속도와 효율성을 강조하는 문화에서는 특별히 우리 자신에 대해 이야기하는 것은 우리가 할 수 있는 가장 사적이고 은밀한 일들 가운데 하나일 수 있다.
리처드 스톤
Richard Stone

어려울 수 있다.

하지만 동반자들은 알고 있다. 수용해야 할 것을 받아들이고 인간의 정신이 우세하다는 것을 이해하는 것은 자신의 삶을 다시 이야기할 공간을 갖는 것이다. 우리는 이야기하면서 우리 자신을 치유한다. 이야기가 지닌 힘은 위대하다.

11

동반하기는
늘 새로운 마음으로
다른 사람을
대하는 것이다.

경험적 기술이나
노하우가 아니다.

"진정한 이해는 확신과 미지의
창조적인 혼합이다.
그 비결은 당신이 이해하지
못할 때를 아는 것이다."

토머스 무어
Thomas Moore

동반자에게 호기심이란 누군가의 경험을 완전히 이해할 수 없다는 사실을 인식하면서, 슬픔의 신비에 기꺼이 발을 들여 놓고 배우고자 하는 열린 마음이다. 호기심은 선불교에서 말하는 '초심'이나 '불가지론적 사고방식(know-nothing mind)'에 깊이 잠기는 것이다.

이러한 태도는 무지가 아니라 선입견 없이 볼 수 있는 능력이다. 애도자와 함께 걸으며 배우는 걸 영광으로 생각하고 매번 새로운 시각으로 바라보는 능력이다. 이는 당신이 어떤 것을 있는 모습 그대로 순수하게 보는 능력을 흐려놓는 모든 생각, 믿음, 아이디어를 걷어내는 것을 포함한다.

모두가 알듯이 어린이들은 선천적으로 호기심이 많다. 성장해 가면서 우리는 주변 사람에게 배우려고 하는 자연스러운 욕구와 높아진 관심이 줄어드는 위험에 처한다. 어쩌면 이미 알고 있다고 잘못 생각하는 것일 수 있다. 다른 말로, 우리의 지성이 오히려 배우려고 하는 욕구를 대신한다. 하지만 슬픔에 처한 사람들의 동반자가 되면서 우리는 생생하고, 단순하며, 소박한 관점에서 보는 경이로운 감각을 다시 발휘할 수 있다.

> 내담자의 역량, 자원 및 회복탄력성을 듣고 호기심을 갖는다고 해서 치료사가 내담자의 고통을 무시하거나 지지하는 태도를 취한다는 의미는 아니다. 오히려 치료사는 혼란과 명확성, 고난과 인내, 고통과 대처, 절망과 욕망 등 전체 이야기를 들어야 한다.
> _ 베리 던컨과 스콧 밀러(Barry Duncan and Scott Miller)의 『영웅적 내담자(The Heroic Client)』 중에서

당신은
모른다

역설적이지만 당신은 당신이 모른다는 사실을 인지함으로써 애도자에게 배울 수 있다. 이는 오히려 당신을 무력감에서 벗어나게 하며, 궁극적으로 당신에게 유용하다. 당신은 다른 사람이 겪는 슬픔의 감정적이며 영적인 여정을 잘 아는 우월한 전문가라는 생각을 끊어버려야 한다.

당신에게 결점이 있든 없든, 돌봄자로 훈련받은 당신은 자신이 모른다는 것과 답이 없다는 것을 인정하기 어려울 것이다. 당신은 이도 저도 아닌 임계적 공간에 있는 사람들과 함께한다는 것에 본능적으로 놀랄 것이다.

당신은 확신 있게 제안하고 의견을 진술하는 것이 전문가의 모습이라 배웠을지 모른다. 관리된 돌봄과 연결된 치료 기술을 제공하는 대신, 혼란을 인정하거나 공감 강화를 위해 질문을 적게 하는 것은 이러한 문화에서 존중받지 못한다. 당신이 받은 훈련의 무의식적 오염은 관찰하고, 증인이 되고, 듣고, 배우고, 애도자에게 주의를 기울이기보다는 평가하고, 진단하고, 치료할 것을 권한다.

어떤 돌봄자들은 '진단 목록', '개입', '치료'를 포기하는 것을 어려워한다. 이러한 용어들은 종종 돌봄자의 전문가적인 정체성의 핵심이자, 전문적 의료 모델을 따르려는 시도의 핵심이 된다. 하지만 동반자는 슬픔을 겪는 사람들을 위한 돌봄에 '자애로운 호기심'이 진실로 필요하다는 사실을 겸손하게 인정한다.

당신은 확신하기보다 경청하고, 배우고, 호기심으로 애도자를 대하는 동반자가 되었다. 동반 모델의 가장 위대한 특권은 당신이 지지하고자 하는 그 사람들에게 더 가까이 다가갈 수 있다는 사실이다. 당신이 판단하거나 해석하려는 욕구 없이 경청할 때, 당신은 안전한 공간을 조성할 수 있고 애도자에게 안전한 사람이 된다.

실지로 우리에게 차이가 있어서 서로 나뉘는 것은 아니다. 그 차이를 판단할 때 서로 나뉘게 된다. 호기심과 "나를 가르쳐 달라"는 모델의 활용은 우리를 다시 통합시킨다. 이 모델을 사용하는 것은 알 수 없는, 답을 얻을 수 없는, 혹은 전문가가 아닌 불확실성의 불편한 자리에서 때로 쉼을 얻게 한다. 동반하기는 영혼과 정신의 작업에 주의를 기울이고, 당신이 이끌려고 하기보다는 따라가라고 요청한다.

자애로운 호기심

당신이 인내하고 겸손해지며 돌보는 동안, 애도자가 자신의 슬픔을 가르치도록 적극적으로 격려하는 것이다.

전문가
신화

오늘날 너무 많은 돌봄가들이 사별 교육, 상담, 치료를 위한 자격증을 취득하고 있다. 내가 운영하는 센터에서는 죽음과 사별슬픔 연구에 관련한 수료증을 수여한다. 하지만 죽음과 슬픔의 신비에 관해 배우는 150시간의 공부와 성찰 이후에 주어지는 이 수료증이 사람들을 전문가로 만드는 것은 아니라고 생각한다. 사실 수료증은 그들이 죽음과 슬픔의 신비를 깊이 숙고하며 진정한 전문가인 애도자에게 기꺼이 배우려는 열린 마음의 자세를 표현하는 것이다. 다른 사람에게 전문가로 인식되거나 스스로를 전문적인 애도 상담가로 여기는 것은 창조적인 동반자의 길을 벗어나는 첫걸음이다.

불교에서 가르치듯 "초심에는 전문가의 마음에서 거의 찾을 수 없는 많은 가능성이 있다." 이러한 현실을 확실히 목도한 사람이 인류학자 브래드포드 키니(Bradford Keeney)였다. 그는 전문가 또는 마스터 상담가가 되는 위험에 대해 기록했다. "당신이 말하는 것은 더 이상 중요한 문제가 아니다. 모든 말은 마스터의 목소리로 전후 사정과 관련지어질 것이다. … '숙달'이라는 정략적인 태도를 피하고 초심을 기르고 수용하는 자세로 돌아가라. 무지를 존중하고 유지하라."

호기심과 전문가라는 대조적인 가치를 성찰하면서, 당신 내면의 목소리에 귀 기울여라. 당신의 슬픔이 다른 사람의 치유를 도울 수 있게 가르쳐 준 것은 무엇이었는가? 슬픔의 여정을 거치면서 계획에 따르거나 의도적으로 개입해서 얻은 결과 말고 어떤 변화를 목격했는가? 당신은 슬픔의 신비로운 가치를 인정하고 해결하고자 하는 희망에 도전하겠는가? 애도자를 돌보는 데 현대 심리학의 언어가 아닌 다른 언어가 필요하다고 믿는가? 당신이 어떻게 대답하는지에 따라 자신이 자비로운 호기심을 믿고 자아 기반의 전문지식에 도전하는 책임감 있는 반역자임을 인정해야 할 수도 있다.

모든 상담가는 사별한 사람의 치유를 돕기 위한 자신의 이론이나 견해를 발전시켜야 한다. 사별한 사람들과 상담하면서 일어난 일들을 스스로 설명해 보라. 경험상 이것은 당신이 동반하기 원하는 사람을 돕기 위한 사역을 이해하고 향상시키는 데 도움이 된다.

자신만의 원칙을 개발하는 것은 돌봄의 과정에서 마음의 일관성을 유지하고 도움의 방법에 대한 새로운 아이디어를 생성한다. 이제 당신은 나의 사별 동반 원리를 모두 읽었다. 당신의 생각에 도움이 되었길 바란다.

> 여러 형태의 치유에 대한 전문화가 증가함에 따라 큰 위험은 이들이 서비스를 제공하는 대신 힘을 행사하는 방법이 된다는 것이다.
>
> ― 헨리 나우웬
> Henri Nouwen

"'다른 사람을 위한 공간
조성하기'라는 표현은
상담사가 자신이 돕고자 하는 사람을
기꺼이 수용할 준비가 되어 있다는
의미이다."

자넷 콘펠드
Janet Kornfeld

나가는 말

사랑의 반영으로서 동반

동반의 핵심은 '환자'와 '치료사' 관계가 아니라 서로 동등하다는 인식에 있다. 우리를 평등하게 만드는 것은 모든 인간이 사랑하는 사람의 상실로 고통과 괴로움을 알게 될 존재라는 것이다. 우리에게는 서로가 필요하다.

동반은 오직 동등함에서 일어날 수 있다. 만일 누군가 다른 사람의 슬픔의 여정에서 보다 우월한 지식을 가졌다고 믿는다면, 조건 없는 사랑에 바탕을 둔 관계의 기초가 파괴될 것이다. '우월한 전문가'라 불리는 사람들은 애도자를 도울 수 없다. 단지 '치료'하려 들고, 의식적으로든 무의식적으로든 다양한 종류의 '종결'을 완수하려고 노력할 것이다. 우리가 서로를 동등하게 볼 때, 관계를 남용하지 않는다. 서로를 동등하게 인식하는 것은 사랑의 반영이다.

동반은 또한 자비로운 호기심이다. 우리가 겸손히 서로를 지지할 때, 우리는 다른 사람에게 마음을 열게 된다. 호기심은 전문성의 가면을 벗고 애도자를 위한 신성하고 환대하는 공간을 조성하도록 장려한다. 슬픔을 표현하지 못하는 문화에서 이러한 공간을 만드는 것은 시간과 의식적인 노력이 필요하다. 자비로운 호기심은 우리 자신만의 세계로 움츠러드는 것보다, 우리 자신을 확장해나가라고 권면한다. 그렇다. 동반은 우리 자신을 확장하고, 우리의 마음을 넓게 열고, 고요히 경청하도록 우리를 초대한다.

동반자 관계는 진단으로서의 슬픔을 거부하고, 우리의 역할을 감정과 영적 고통을 뿌리 뽑는 것으로 생각하지 않으려는 의지에 달려 있다. 우리는 신비 속에서 기꺼이 방황할 수 있는 광야에 자신을 맡겨야 한다. 혼란, 혼동, 무질서, 절망을 피하지 말아야 한다. 소위 '부정적' 감정과 경험은 위험한 것이 아니다. 혼란도 그 자체로 역할이 있다. 상실의 슬픔과 변화는 항상 혼란에서 시작된다. 만일 우리가 혼란을 거부한다면 동반자가 될 수 없다. 상실의 통합은 종종 알지 못하는 공간에서 일어난다. 우리는 슬퍼하는 사람의 머리가 아니라 마음에 합해야 한다.

최근 슬픔의 복합성을 설명하려는 시도로, 죽음과 죽어감에 대해 연구하는 죽음학의 발전을 보았다. 나는 '자격증 있는 죽음교육 전문가(thanatologist)'이지만, 이는 또 다른 전문 분야를 만들려는 노력의 일환으로 보인다. 우리는 돌봄자로서 우리의 철학적 근간에서 멀어지는 극적인 움직임을 목격했다. 고대 철학가들은 항상 인간의 몸, 정신, 마음, 영혼의 통합적인 면에서 탐색의 필요성을 인식했다. 그들은 신비에 열린 마음을 가졌고, 통제집단에 관한 연구를 하지 않았다.

1900년대, 심리학은 과학의 뉴턴 학설과 연합하여 철학, 예술과 결별을 선언했다. 하지만 상실에 영향을 받은 인간의 정신은 내면의 혼란과 슬픔을 경험하고 어둠에서 빛으로 인도하는 영혼의 목소리와 관련 있다.

우리는 다음과 같은 질문들을 던질 수 있다.

- 우리 사회가 상실감의 깊이를 더 이상 존중하지 않고 애도에서 정상적이고 필요한 영혼 기반 증상을 '치료'하려 드는 '전문가'에게 애도자 돌봄을 맡기면 슬픔과 애도는 어디로 가는가?
- 슬픔의 감정을 이롭게 생각하지 않고 연약함의 징후로 여기는 사회에 살면 어떤 일이 일어나는가? 무조건적 지지가 필요한 사람들을 '미성숙'하다거나 '지나치게 감정적'이라 여기면 어떤 일이 일어나는가?
- 우리 사회의 많은 사람들이 슬픔의 감정이 불필요하고 부적절하다고 믿고 있는가? 이것은 상실에 대한 지지를 추구하고 수용하는 능력에 어떤 영향을 미치는가?
- 애도자들 주변의 많은 사람들이 '해결'과 '종결'의 욕구를 투영하면 어떤 일이 일어나는가?
- 사회가 죽은 사람을 기억하는 것이 좋은 애도의 길임을 잊으면 어떤 일이 일어나는가?
- '해결중심'과 '단기 인지' 치료 혹은 '관리 돌봄'이 보편화되고 효율성을 효과로 혼동하면 어떤 일이 일어나는가?
- 사랑하는 사람의 죽음 이후 영혼의 회복보다 단지 삼일 만에 직장으로 복귀하는 것이 더 중요하다고 여기면 이 사회에 어떤 일이 일어나는가?

- 사회가 머리로부터의 이해가 가슴으로 부드럽게 정착하는 방식의 느림과 고요를 존중하지 않으면 어떤 일이 일어나는가?
- 슬픔으로 찢어지듯 아픈 증상이 애도자에게는 상실에 열려 있어야 함을 상기시키는 자기생체제어 장치인데, 사회가 이를 이해하지 못하면 어떤 일이 일어나는가?
- 사회가 애도자의 삶을 '다시 이야기'하는 것의 중요성을 잃어버리면 어떤 일이 일어나는가?
- 상실과 고통의 개인적 표현을 덜 억제하는 사회라면 우리를 반대하는 사람들의 폭력에 맞설 필요가 없는가? 다시 말해서, 우리가 공개적으로 애도하지 못하는 것이 상실 앞에서 다른 사람을 공격하려는 우리의 성향에 영향을 미치는가?
- 우리는 돌봄자로서 다른 사람의 고통과 고난의 한 가운데 서기 위해 먼저 자신의 고통과 친구가 되어야 한다는 사실을 알고 있는가? 다시 말해, 광야에 있는 사람과 동반하기 위해 우리 자신부터 기꺼이 그 광야를 경험할 준비가 되어 있는가?

이 책을 읽는 데 시간을 내주어 고맙다. 부디 슬픔을 겪는 사람들에게 마음을 열고 그들을 볼 수 있길 바란다. 당신이 마음을 열 때, 삶이 가져다주는 행복과 슬픔을 모두 받아들일 수 있다. '열린 마음을 유지'하는 것은 생명이 다할 때까지 당신의 삶을 풍성히 살아가는 길을 만드는 것이다.

다른 사람에게 나의 동반적 돌봄 모델을 공유해도 좋다. 삶에서 겪은 상실을 애도하는 모든 사람 곁에 슬픔의 여정을 함께하는 자애로운 동반자가 있다면 세상이 얼마나 심오하게 바뀔지 함께 상상해 보자.

애도의 여정에 동반하기
사별 돌봄의 핵심 11가지

발행일 2021년 12월 10일 1판 1쇄
　　　　　2025년 4월 3일 1판 2쇄

알렌 울펠트 지음 / 윤득형 옮김

발행인 김정석
편집인 김정수
발행처 도서출판kmc

서울특별시 종로구 세종대로 149 감리회관 16층
(재)기독교대한감리회 도서출판kmc
전화 02-399-2008 **팩스** 02-399-2085
www.kmcpress.co.kr

디자인·인쇄 코람데오

Copyright (C) 도서출판kmc, 2021, Printed in Korea.

ISBN 978-89-8430-867-1 03190
값 10,000원